BARBARA

Il était
un piano
noir...

mémoires interrompus

Fayard

Q

mort
vient

En
mort,
pris d
son fr
moires
biogra
fulgur
sures..

Atte

ble du peintre.

IL ÉTAIT UN PIANO NOIR...

Barbara

Il était
un piano
noir...

mémoires
interrompus

Fayard

C'est au début du printemps de 1997 que Barbara commença l'histoire du piano noir, celle de son intense vie de nomade, de « femme qui chante ». Lorsqu'elle nous quitta si brutalement, dans l'après-midi du 24 novembre de la même année, elle n'avait encore rédigé que quelques versions – de plus en plus élaborées – d'un récit suivi, très inachevé, certains fragments ébauchés et de brèves notes relatives à son projet, à divers sujets dont elle avait également l'intention de nous entretenir : ses tournées, ses engagements, ses autres belles rencontres, les détenus, le sida, la drogue, la solitude, la maladie et les médecins, la religion, la mort...

Fallait-il publier ces textes dont nous savons qu'elle les aurait remaniés sans cesse, « corrigés encore et encore », jusqu'à la remise de son manuscrit définitif dans le courant de l'automne 1998 ? Difficile et angoissante question à laquelle nous avons réfléchi très longuement, scrupuleusement, et souvent douloureusement, contradictoirement.

Si nous avons finalement choisi de faire paraître ce livre, c'est parce qu'elle s'y était passionnément investie et que, même si ce fut aussi pour elle, bien sûr, pour le plaisir de se raconter et pour mieux supporter le deuil qu'elle venait de commencer, elle l'écrivit surtout pour ce public auquel elle s'était déjà tant donnée et avec tellement de courage, de ténacité, de sincérité, de générosité, d'amour.

« Claude, Régine et puis Jean... »

Plus jamais je ne rentrerai en scène.

Je ne chanterai jamais plus.

Plus jamais ces heures passées dans la loge à souligner l'œil et à dessiner les lèvres avec toute cette scintillance de poudre et de lumière, en s'obligeant avec le pinceau à la lenteur, la lenteur de se faire belle pour vous.

Plus jamais revêtir le strass, le pailleté du velours noir.

Plus jamais cette attente dans les coulisses, le cœur à se rompre.

Plus jamais le rideau qui s'ouvre, plus jamais le pied posé dans la lumière sur la note de cymbale éclatée.

Plus jamais descendre vers vous, venir à vous pour enfin nous retrouver.

Un soir de 1993, au Châtelet, mon cœur, trop lourd de tant d'émotion, a brusquement battu trop vite et trop fort, et, durant l'interminable espace de quelques secondes où personne, j'en suis sûre, ne s'est aperçu de rien, mon corps a refusé d'obéir à un cerveau qui, d'ailleurs, ne commandait plus rien.

J'ai gardé, rivée en moi, cette panique fulgurante pendant laquelle je suis restée figée, affolée, perdue.

J'ai dû interrompre le spectacle pendant quelque temps, puis définitivement.

Je suis quand même partie en tournée, deux mois après ; je raconterai ce que fut cette tournée, du premier jour au dernier soir.

Ensuite j'ai regagné Précy avec un manque immense, et, durant deux ans, j'ai fait le deuil d'une partie de ma vie qui venait brusquement de se terminer.

Écrire, aujourd'hui, est un moyen de continuer le dialogue.

Pourquoi ai-je accepté, pour la première fois, de parler d'un *avant* ? Parce que je suis la seule à pouvoir le faire ! Je vais donc essayer, même si le temps déforme les images qui deviennent floues ou, au contraire, trop précises, trop joyeusement ou douloureusement exactes.

J'ai beaucoup de travail qui m'attend, mais

c'est un travail que j'aime, je ne vais pas m'en plaindre.

Il est six heures du matin, j'ai soixante-sept ans, j'adore ma maison, je vais bien. De la pièce où j'écris, je vois le jardin ; les premières roses sont apparues et la glycine blanche dégouline dans le patio.

Toute une vie souterraine prend ses racines, là-bas, dans les eaux dormantes qui exhalent d'âcres senteurs de soufre.

J'ai appris à connaître tous les menus bruits, les différentes senteurs de la terre à chaque heure du jour. Seule une lumière féline, mouvante, me surprend parfois. Tout mon sang bat au rythme profond qui monte du sol. Une si grande paix se dégage de cet endroit qu'il me paraît souvent injuste et douloureux que l'univers entier ne la partage pas. Une paix intérieure que me procure le fait d'avoir pu m'octroyer pour le reste de mes jours ce « tout petit morceau de France », comme on dit.

Précy, 27 avril 1997.

Récit inachevé

« Il était un piano noir… », cette histoire commence le 9 juin 1930 à la nuit tombante, à Paris, près du square des Batignolles.

J'ai été une petite fille qui s'est construit un monde, comme beaucoup d'enfants, et qui s'y est enfermée. Dans ce monde, j'étais pianiste chantante. Je tambourinais sur une table des musiques que je scandais ou miaulais infatigablement. Mes mains se posaient, s'agitaient au-dessus d'un clavier imaginaire et, durant de longues heures, j'étais la plus grande pianiste du monde !

– Viens mettre le couvert…

Ah, les briseurs de rêves qui m'ont fait à tout jamais détester l'obéissance !

Lorsqu'on est la plus grande pianiste du monde et que des arpèges noirs et blancs tourbillonnent et s'élèvent et s'envolent par les fenêtres ouvertes par-dessus les nuages, par-dessus le ciel, pour retomber en pluie-cascade au fond des mers, au bout des fleuves qui les roulent, les happent, les engloutissent, puis les rejettent au loin vers d'autres pays, lorsqu'on est la plus « grande pianiste du monde », on ne met pas le couvert ! Je ne suis pas devenue la plus grande pianiste du monde, mais des musiques j'ai continué d'en entendre et j'ai conservé cette phobie que l'on puisse briser le rêve, défaire l'instant. Je déteste que l'on surgisse bruyamment dans mes chambres de repli, je hais ces brusques interruptions, ces portes qui claquent, ces éclats de voix trop forts qui me blessent lorsque je travaille.

Comment le dire et le redire sans prendre des allures de monstre, alors que je ne demande que l'espace de silence auquel chacun a droit ?... J'écris ces quelques lignes dans un petit cadre noir :

Je suis difficile à vivre
quand je travaille
Pas la peine de crier
Je ne vois rien
Mais j'entends clair
Merci !

Ça change les choses et « veloute » les voix. Pendant quelque temps, on murmure autour de moi...

Et les questions ! Ah, les questions des sempiternels curieux qui interrogent sur ce qui, pour nous, relève de l'évidence : « Quand avez-vous décidé de chanter ? » Est-ce que l'on décide un jour de chanter, ou n'est-ce pas plutôt une longue et très belle maladie que l'on porte en soi sans parvenir jamais à en guérir tout à fait ? J'ai eu cette belle maladie dont j'ai eu tant de mal à guérir. Aujourd'hui, convalescente, je peux écrire ce livre...

Mes premiers souvenirs me ramènent à Marseille en 1937. J'y connus ma première passion amoureuse ; j'avais sept ans et aimais un enfant de famille noble qui en avait treize et était, ma foi, très beau.

Mon premier larcin fut pour lui : trente-deux figues fraîches, parfumées, juteuses et si jolies, que mon père avait comptées tout en les déposant dans le compotier posé sur le grand buffet.

Trente-deux figues que, deux jours durant, je niai avoir chapardées, malgré la menace des gendarmes, de l'envoi en pension, entre autres châtiments humiliants.

Marseille : le mistral avec lequel nous

devions nous battre et qui nous plaquait contre les murs, mon frère Jean et moi, lorsque nous nous rendions à l'école. Marseille, l'odeur des grandes tartines arrosées d'huile d'olive et frottées à l'ail que nous rangions dans nos gibecières, la course dans la descente du boulevard Gaston-Crémieux, et puis à gauche, et encore à gauche, nos deux écoles contiguës. Le bruit de mes galoches à semelle de bois dans le préau que je traversais en courant lorsque j'étais en retard, le vestiaire, les vieux portemanteaux, l'odeur des tabliers écrus sur lesquels nos noms étaient inscrits en rouge ; enfin, une fois dans la classe, mon pupitre d'écolière, le plumier, la gomme rongée, l'odeur de la colle aux amandes, celle de l'encre violette.

De mes quelques années d'études dispersées à travers nombre d'établissements, c'est de Marseille que je garde les souvenirs les plus forts, les plus parfumés.

1938 : nous sommes à Roanne où va naître ma petite sœur, Régine. J'en garde mon seul et unique souvenir de Noël en famille. Un 24 décembre, par un froid de pierre, on nous emmena à la messe de minuit. Au retour, ma grand-mère, Granny, nous attendait à la cuisine avec une orange, un chocolat chaud fleurant bon la cannelle, et des morceaux de sucre candi servis sur une petite soucoupe bleue. Quelle douceur !

Que j'aimais ma grand-mère ! Elle était toute menue, avec des pommettes très hautes, des grands yeux noirs, des mains très fines. Elle avait vu le jour à Tiraspol', en Moldavie, où naquit également ma mère. Elle sentait le miel et me préparait des pâtisseries aux blonds raisins de Corinthe, des strudels aux pommes et aux noix pilées. Elle me consolait de tout. Je grimpais sur ses genoux, me calais au creux de son épaule : « Je suis ta préférée, Granny ? Raconte quand tu étais en Russie, quand tu es venue à Paris ; raconte quand maman était petite ! » Granny me raconte et, pour la remercier, je m'assieds devant la table et, sur mon clavier imaginaire, lui joue ma musique.

C'est la pauvreté, à Roanne, en 1938. Je suis habillée de robes d'adultes que je déteste, retaillées sur mon corps de petite fille. À Roanne, il y eut aussi des huissiers, qui sont « gens très matinaux » ! J'ai même vu un jour disparaître tous nos meubles, sauf le lit de mes parents, et, Dieu merci, la grande table sur laquelle j'inventais et pianotais toutes mes musiques. J'ai connu les : « N'ouvrez pas, les enfants ! », les : « Vous direz que Papa est absent ! », les rues détournées et contournées à cause des créanciers. J'étais souvent honteuse. Je hais, depuis, le mot « argent », la tricherie et le mensonge. J'ai le goût maladif de la vérité, de la mienne... !

De Roanne, j'ai gardé surtout le souvenir d'avoir eu très froid, dans notre maison et à travers la ville que je traversais durant l'hiver glacial, sans gants, les doigts bleuis, douloureux. Ah, si douloureux !

Beaucoup plus tard, quand je chanterai au Théâtre des Variétés, j'achèterai, à un vieux monsieur qui tenait boutique dans la galerie voisine, un stock de gants de laine et de peau de toutes les couleurs, de superbes gants crème, ou blancs brodés, si fémininement garnis de petits boutons de nacre en forme de perles fines. J'en aurai beaucoup offert, mais certaines paires se trouvent encore ici.

Nous avons quitté Roanne en famille en déménageant à la cloche de bois à bord d'une vieille Oldsmobile vert foncé dont je ne me remémore l'existence qu'en cette occasion, mais que je trouvais splendide.

Je me suis souvent retournée, cette nuit-là, pensant que nous étions poursuivis, et je ne sais toujours pas aujourd'hui si j'en éprouvais de la crainte ou du plaisir.

Septembre 1939 : nous sommes au Vésinet. « Mes enfants, disent les parents accablés, la guerre vient d'éclater, il faut partir. »
Mon père est mobilisé.
La famille se divise : ma mère d'un côté, avec ma petite sœur Régine ; mon frère et moi, avec la tante Jeanne.
Toujours enroulée dans d'amples manteaux, autoritaire et belle encore (elle avait été mannequin chez Poiret), les mains longues un peu déformées par les rhumatismes, la tante Jeanne débarquait souvent, dans les périodes de crise ou de pain dur, et, son sac de crocodile gold serré contre elle, elle s'exclamait : « Ah, mes pauvres enfants ! »
Du Vésinet, la tante Jeanne nous conduit à Poitiers où nous allons être hébergés par des médecins de sa connaissance. Nous fréquentons une école où j'ai un jour la surprise de voir, à la sortie, mon père qui m'attend. Il est en militaire ; il n'est là que pour deux heures qu'il va passer avec mon frère et moi. Puis il me raccompagne, sanglotante. Je le supplie de rester, en vain. Je le vois encore s'éloigner, se retourner, revenir me prendre dans ses bras.

Pour me calmer, il sort alors de sa poche quatorze sous avec lesquels, le cœur lourd, j'achèterai du zan.

Le zan, sous toutes ses formes, ne me quittera plus : bâtons de réglisse, rubans en rou-
leaux, petits grains, réglisse à la violette… J'en
aurai partout et toujours sur moi. Plus tard,
sans en connaître l'effet nocif sur la tension
artérielle, j'en distribuerai à tous mes amis.
Lily-Passion aura un sac en mica rempli de zan
bleu.

Sans en avoir conscience, je rechercherai
toujours cet instant heureux, mais cette relation
de père à enfant, je ne la connaîtrai jamais
plus.

En revanche, je garderai longtemps le souvenir du mélange de fascination, de peur, de
mépris, de haine et d'immense désespoir que
je ressentirai lorsque je le retrouverai mort, à
Nantes, vingt ans plus tard…

De Poitiers, nous partons pour Blois. Ma
mère, qui travaille à la préfecture, apprenant
que le pont permettant de quitter la ville doit
sauter, demande à la tante Jeanne de nous
emmener très vite ; nous prenons le dernier
train qui quitte Blois pour une destination

inconnue. Par la fenêtre baissée, nous voyons ma mère agiter sa fine main gantée ; nous pleurons.

Dans notre compartiment, il y a des scouts égarés avec leur cheftaine.

Au bout d'une centaine de kilomètres, le convoi stoppe au beau milieu de la plaine de Châtillon-sur-Indre. Les wagons sont décrochés et la locomotive repart seule, nous abandonnant en rase campagne.

Quelques heures après, nous voyons rappliquer quatre militaires armés de fusils-mitrailleurs, que l'on a dépêchés pour protéger le convoi.

Pour tous les enfants présents à bord, le train devient très vite un terrain de jeu : nous courons le long des couloirs, de wagon en wagon, tout excités. Pour nous calmer, les adultes nous envoient chercher du lait et des œufs dans les fermes avoisinantes.

En revenant, nous croisons des soldats en fuite qui partagent avec nous leurs dernières boîtes de conserve.

Nous attendons en vain le retour de la locomotive. Le train reste inexorablement seul dans la plaine.

Au cinquième jour surgissent trois avions de chasse ; l'un est descendu par une DCA voisine, les deux autres piquent et survolent le train en rase-mottes. On a le temps de distinguer les croix gammées sous leurs ailes, avant que l'un d'eux ne mitraille les wagons à côté du nôtre.

Affolement, cris. Il y a des blessés et des morts. Les blessés attendront vingt-quatre heures que des ambulances viennent les chercher.

Souvent, face au malheur, les enfants ont des réactions de cruauté ou de parfaite insouciance. Lorsqu'on a neuf ans, la guerre c'est aussi parfois traverser l'horreur en jouant. Nous continuons de jouer dans la plaine aux abords du train.

Nous y resterons dix-sept jours.

Je ne me souviens plus comment nous sommes sortis de cet enfer pour atterrir dans une école désaffectée à Préaux, près de Châteauroux.

Nous sommes en 1940. La tante Jeanne est inquiète. Par l'intermédiaire de la mairie de Préaux, elle recherche nos parents. Nous apprenons que mon père est démobilisé à Tarbes. Ma mère l'a rejoint avec ma petite sœur Régine, et c'est là que nous les retrouvons, au grand soulagement de Jeanne qui séjournera quelque temps encore dans les Pyrénées avec nous.

À Tarbes, mes parents louent une assez grande et belle maison, rue des Carmes. Derrière un grand portail vert s'étend une cour pavée. La maison comporte deux étages. Mes parents s'installent au rez-de-chaussée, mon frère et moi disposons pour la première fois chacun de notre chambre. Au premier, juste au débouché de l'escalier, la mienne est claire et spacieuse. Celle de mon frère se trouve tout au fond du couloir.

La vie s'organise assez vite : lycée Théophile-Gautier pour Jean, école communale pour moi.

Les prouesses scolaires ne sont pas pour moi. Je collectionne les observations du genre : « très indisciplinée », « trop rieuse », « meneuse », « frondeuse », « désobéissante ». Faire rire et chanter, organiser des « spectacles », c'est tout ce qui m'intéresse.

Mes parents et la tante Jeanne laissent entendre, en levant les yeux au ciel ou par des haussements d'épaules désolés, que vraiment... enfin... ma pauvre enfant... pour une fille, c'est un peu moins grave de ne pas être intelligente et cultivée, mais quand même... Ma pauvre enfant !

Je dois reconnaître que ce n'étaient pas mes carnets trimestriels qui pouvaient les convaincre du contraire, nulle que j'étais en toutes matières, excepté bien sûr le chant et la récitation.

— Ton frère, lui, sera docteur.

— Tant mieux bien fait, tant mieux bien fait !

La tante Jeanne était veuve de l'oncle Camille qui avait été médecin et avec qui elle avait longtemps séjourné en Afrique. Elle parlait toujours des rentes que l'oncle lui avait laissées en lui faisant promettre de s'occuper de notre éducation, ce dont elle s'acquitta à merveille pour ce qui concerne mon frère Jean, « parce que c'est un garçon ». Il n'avait alors que onze ans !

On s'évertua à m'expliquer qu'il n'y avait rien là que de normal, et que j'aurais dû comprendre. De fait, j'ai très bien compris !... N'empêche : cette préférence qu'elle affichait en toute occasion, me reléguant comme une chose inintéressante et dépourvue de qualités, je l'ai ressentie comme une grande injustice qui, à l'époque, m'a souvent fait apparaître mon frère comme peu compréhensif ou insupportable. Alors que c'est aujourd'hui un homme que j'admire et respecte, et qui me touche profondément.

Je me sentais cancre face à ce frère premier en tout, premier partout !

Il n'empêche que, le soir, au lieu d'apprendre mes départements et mon Histoire de France, j'organisais mes premiers « spectacles » dans la grande buanderie avec de vieux fouillis de vêtements dont je déguisais mes voisins de la cour, et la petite fille de la propriétaire qui était rudement jolie et qui intéressait diablement mon frère Jean.

Hors ces jeux prémonitoires – comme le furent souvent mes rêves, mes angoisses, mes troubles –, les souvenirs que je garde de Tarbes sont durs. Très durs.

J'ai adoré ma mère, mais je ne me remets pas très bien quelles furent nos relations à l'époque. Je n'ai gardé souvenir ni d'une marque de tendresse ou de complicité de sa part, ni d'une simple promenade avec elle. Je ne me rappelle pas qu'elle se soit jamais intéressée à mes lectures, qu'elle ait guidé ou nourri mes goûts en quoi que ce soit. Une fois pour toutes, le « cerveau » de la famille était mon frère Jean. Du coup, je me sentais souvent bête et humiliée.

Quant à mon père, j'ai très peur de lui. Il n'est gentil avec moi que lorsque nous sommes tous les deux seuls. Je ne comprends pas bien pourquoi ; je trouve que son comportement devient bizarre. Souvent, il me répète que ma mère préfère mon frère. Je pense que c'est vrai et j'en souffre d'ailleurs beaucoup. Le soir, lorsque j'entends claquer le grand portail vert et les pas de mon père résonner dans la cour, je me prends à trembler. À table, sitôt qu'il me regarde, je renverse mon verre, fais choir ma fourchette. J'ai peur de ses sempiternelles questions :

— Qu'as-tu fait en classe aujourd'hui ?

— Du français, du calcul, de la récitation, du dessin et de l'histoire.

— Qu'as-tu appris en histoire ?

— En histoire…

Je m'agite sur ma chaise.

— En histoire, que les Gaulois adoraient les druides…

— Ah ! Et alors ?

Alors rien, ils adoraient les druides et je fondais en larmes ; c'était le but de mon père : me blesser, m'humilier.

— Cette enfant est stupide. Je me demande ce qu'on en fera plus tard.

Je ne sais vers qui me tourner, à qui confier mes chagrins. J'aurais aimé me réfugier auprès de mon frère Jean, mais l'idolâtrie dans laquelle le tient la tante Jeanne et sa franche complicité avec notre mère lui confèrent des airs de supériorité qui me le rendent parfois inaccessible.

Un jour, je m'arrête devant sa chambre. J'entre, humble et souriante. Il est en train de jouer au train électrique : j'adore son train électrique. Il mâchouille du zan ; j'adore le zan.

Je le regarde, essaie de le charmer :

— Tu me donnes un petit carré de zan ?

— Non, répond-il sèchement.

Je supplie. Il propose :

— Je t'échange un carré de zan contre ton baigneur !

J'hésite : mon magnifique baigneur contre un minuscule carré de zan ?

— Trois carrés !

Mon frère accepte. Je vends mon enfant pour trois bouts de zan !

Le soir même, Jean déballe toute l'histoire.

— Quelle honte ! se récrie tante Jeanne. Ton baigneur pour du zan ? Mais qu'est-ce que tu as dans la tête, ma pauvre enfant ?

— De la musique !

— Au fond, suggère la tante, on pourrait peut-être lui faire prendre des cours de piano ?

— À quoi cela lui servirait-il plus tard ?

objecte mon père. Et puis, nous n'en avons pas les moyens !

— Évidemment ! opine Jeanne.

Un autre jour, mon frère et moi jouons tous deux dans la cour. J'ai trouvé un scarabée, l'ai enfermé dans une petite boîte que j'ai garnie d'herbe fraîche, et je lui parle. Mon frère l'examine et décrète que mon scarabée n'est rien d'autre qu'un infect bousier. Il m'arrache mon trésor, je cours après lui en hurlant. Nous faisons irruption dans le salon, il exhibe la bestiole.

— C'est répugnant ! décrètent mes parents.

Et ils écrasent le scarabée.

J'appuie dans ma tête à l'endroit-gâchette connu de moi seule ; mes yeux sont deux pierres noires. Je monte dans ma chambre, m'enferme à clef et me laisse tomber sur le lit.

— Ouvre cette porte !

— Vous avez tué mon scarabée d'or !

Et je me réfugie à l'intérieur de mon donjon, protégée par mes remparts.

La seiche est une espèce de poisson-mollusque qui, pour se protéger, diffuse une encre noire qui la dissimule au pêcheur et à ses autres prédateurs. Lorsque je ne voulais plus voir ni entendre, j'appuyais dans ma tête sur une gâchette secrète et me retrouvais immédiatement coupée du monde, les genoux repliés sous le menton, devenue inatteignable, à l'abri de herses et de murailles invisibles. Je pouvais rester ainsi une journée entière sans qu'on réussisse à me faire bouger.

J'ai de plus en plus peur de mon père. Il le sent. Il le sait.

J'ai tellement besoin de ma mère, mais comment faire pour lui parler ? Et que lui dire ? Que je trouve le comportement de mon père bizarre ? Je me tais.

Un soir, à Tarbes, mon univers bascule dans l'horreur. J'ai dix ans et demi.

Les enfants se taisent parce qu'on refuse de les croire.

Parce qu'on les soupçonne d'affabuler.

Parce qu'ils ont honte et qu'ils se sentent coupables.

Parce qu'ils ont peur.

Parce qu'ils croient qu'ils sont les seuls au monde avec leur terrible secret.

De ces humiliations infligées à l'enfance, de ces hautes turbulences, de ces descentes au fond du fond, j'ai toujours resurgi. Sûr, il m'a fallu un sacré goût de vivre, une sacrée envie d'être heureuse, une sacrée volonté d'atteindre le plaisir dans les bras d'un homme, pour me

sentir un jour purifiée de tout, longtemps
après.

J'écris cela avec des larmes qui me
viennent.

C'est quoi, ces larmes ?

Qu'importe, on continue !

Mars 1942 : avec un nouveau printemps,
naissance de mon petit frère Claude. Je le véhicule dans un grand landau bleu, rue des
Carmes. Je m'en crois !

Menace de rafle dont les parents sont
informés.

Dénonciation par un voisin.

Départ rapide de Tarbes.

La famille se divise encore : mon petit frère
Claude va partir vivre chez la sœur de ma
mère, en zone libre ; ma sœur Régine et moi
trouverons refuge chez une famille de culti-
vateurs, près de Chasseneuil ; coûteuse cache !

La ferme est importante ; il y a un grand
troupeau de vaches. Il peut être amusant de
traire les vaches en vacances ; il est moins
drôle et moins champêtre, lorsqu'on est une
petite fille, d'être réveillée à cinq heures du
matin pour aller aider dans l'étable et la basse-
cour. Il fait sommeil, il fait froid.

Dans un grand lit de campagne glacé, ma

sœur et moi dormons toutes deux, blotties l'une contre l'autre. La nuit, quand nous avons faim, je me déplace silencieusement pour aller chaparder dans le garde-manger, où trône une énorme marmite noire, des restes de lapin farci aux pruneaux. Je ramène mon butin dans la chambre, tremblant de peur d'être surprise.

Une fois par semaine, je me rends à bicyclette dans un village éloigné où se cachent mes parents. Je laisse ma petite sœur en larmes : elle craint toujours que je ne revienne pas.

J'enfourche mon vélo et prends la route. Tout ce qui émane du ciel me terrorise. Ainsi l'arc-en-ciel suspendu comme une arche au-dessus de la départementale d'Angoulême, tandis que je pousse ma bicyclette par un jour pluvieux. Cet arc-en-ciel, je me rappelle encore aujourd'hui combien il m'a terrifiée, surplombant cette route qui semblait interminable et qui grimpait, rendant encore plus lourde la bécane trop grande pour moi.

Les jours suivants, je revoyais avant de m'endormir le monstre multicolore qui m'enfermait dans ses rayons, m'empêchait de rejoindre l'autre versant, là où la route menait à la ferme dans laquelle m'attendaient mes parents.

Depuis, j'ai souvent pris l'avion, bien sûr, et cette grosse maison qui tient toute seule dans le ciel me fascine. Allergique aux raisons invoquées par la science, refusant toute explication susceptible de démystifier le rêve, je peux conserver intacte la magie des choses.

Je ne me souviens plus au juste comment nous avons quitté Chasseneuil. Je sais seulement qu'entre cette période et 1945, nous avons beaucoup bourlingué.

J'ai gardé de cette époque le goût du voyage, de la clandestinité, du précaire, des parties de cartes à l'abri dans la chambre du fond, des départs à la sauvette, du bruit des coups dans la porte, des « Y a la Gestapo », des 15 CV avec leurs roues à rayons jaunes, et une certaine tendance à la provocation, à une agressivité parfois inspirée par la peur.

Aujourd'hui encore, si l'on frappe ou l'on sonne, je sursaute et il m'arrive de courir me cacher.

Les oiseaux piaillent au jardin : des verdiers, des mésanges à tête noire, le « pleu-pleu » (c'est un minuscule oiseau qui annonce la pluie). Cela vous fait parfois un vacarme assourdissant, les oiseaux...

J'aperçois l'orme pleureur avec son tronc

noué. Chacun de nous devrait hériter d'un bout de jardin ou à tout le moins d'un arbre. Il me semble que c'est le véritable héritage.

Quelle heure est-il ? J'entretiens une confusion totale dans la mesure du temps qui passe : une seconde, une heure, une année, il y a cinquante ans, la semaine dernière...

J'ai envie d'une Ricorée. Depuis trente ans, je bois de la chicorée. C'est « le Gitan », André Schlesser, l'âme de L'Écluse, qui m'en a fait boire pour la première fois dans son sixième étage de la rue Guisarde...

Mais revenons à Chasseneuil que nous allons quitter pour nous rendre à Grenoble ; très bref séjour durant lequel mes parents cherchent un collège pour mon frère ; ce sera le même pour moi.

C'est ainsi qu'à l'été 43, nous débarquons à Saint-Marcellin, à proximité du Vercors, haut lieu de la Résistance.

C'était difficile de passer inaperçus lorsque nous arrivions dans une nouvelle localité. Nos parents nous recommandaient de ne rien dire de notre vie.

Ne rien dire, avec cette différence physique et l'arrogance avec laquelle je disais, justement, que j'étais juive...

« Oui, et alors... ? »

Et alors ? Je n'avais ni honte ni fierté particulière d'être juive, mais le fait de lire ma singularité dans le regard des autres me rendait agressive.

Combien je redoutais, à chaque école nouvelle, cette interrogation de la maîtresse devant la classe attentive, voire celle de mes compagnes à la récréation :

– Et toi, ton père, il fait quoi ?

J'étais bien incapable de fournir la moindre précision sur la situation de mon père ; je lui ai alors inventé bien des métiers !

Dans ma vie imaginaire, il y a eu aussi des promenades dominicales avec ma mère, de longues conversations, des rires, une grande tendresse et des secrets partagés alors que l'échange avec elle était en réalité bien difficile à cette époque ! Il y a eu encore un gros chien et des souliers vernis noirs avec une fine bride autour de la cheville, comme en portaient les petites filles aisées et qui me faisaient follement envie. Dans mon imagination, il y a eu surtout un piano noir.

Ce piano, je ne le posséderai que beaucoup plus tard, à vingt-neuf ans.

Les souliers à bride, eux, deviendront mes souliers de scène.

Le gros chien s'appellera Indien ; ce sera un briard blond offert par ma sœur Régine.

Mais nous habitons pour l'heure Saint-Marcellin. C'est joli, Saint-Marcellin, avec cette longue grande rue, lieu de rassemblement et de déambulation de toute la jeunesse, une longue artère montée et descendue avant et après les heures de cours.

C'est joli, Saint-Marcellin, le dimanche, à la sortie de la messe, quand nous allons nous gaver de petites barquettes aux cerises chez Monsieur Rivol, le pâtissier.

Nous nous installons très vite dans une villa dotée du premier jardin dont je me souvienne. Il y a des dahlias géants, fauves.

Face à la ville, de l'autre côté du chemin, un coteau. Au milieu du coteau, un immense noyer, puis, plus haut sur la gauche, des sarments de vigne.

Venues du couvent voisin, de jeunes religieuses glanent, fauchent et prient, légères, à l'heure de l'angélus. Après, nous les regardons se disperser comme un vol de moineaux ; elles regagnent leur couvent.

Mon frère et moi allons au collège situé sur la place du marché. Le collège m'ennuie, les études m'ennuient ! Les jours de marché, pendant la récréation, je fugue ; je traîne entre le marchand de guimauve et le kiosque à musique, puis, l'heure venue, je reprends le chemin de la maison bordé de grands mûriers chargés de belles mûres sauvages, parfumées. Je reviens les cueillir et en fais provision dans un pot à lait de fer-blanc.

Depuis quelque temps, ma main droite devient malhabile. C'est d'abord une douleur, puis une légère perte de sensibilité. Dans la paume, un petit noyau dur grossit. Je suis opérée une première fois, en urgence ; six autres opérations suivront : d'abord la paume sur toute sa longueur, puis d'autres interventions et enfin, quand le mal aura atteint l'auriculaire, une septième qui sera la bonne.

Le lit se balance, les murs blancs tournent et oscillent, s'avancent et reculent. Je soulève mon bras : un énorme pansement de la main jusqu'au coude.

Les murs ont repris leur place normale, ma mère sourit :

— Le docteur Roussel a sauvé ta main, mais, pour ce qui est du piano...

Mon clavier imaginaire éclate dans ma tête !

— Je ne serai que chanteuse, alors ?

— Oui, répond ma mère. Chanteuse, c'est

promis ; dès que tu en auras l'âge, nous te ferons prendre des cours de chant.

Cette main, ce doigt atrophié dont les tendons ont été sectionnés, feront l'objet d'une rééducation que j'entreprendrai seule. Je veux récupérer mon doigt, je veux jouer du piano. Pendant longtemps, je ne jouerai qu'avec quatre doigts. Plus tard, c'est ce qui décidera de la place du piano sur scène : les « graves » côté public, contre toute habitude et logique...

Il y a parfois des incidences qui bousculent l'ordinaire, puis qui s'imposent ensuite comme des évidences. C'est ainsi, par exemple, qu'une fausse note peut se révéler « créatrice » et trouver sa place.

À Saint-Marcellin, un soir de novembre, près de la fameuse fromagerie, devant l'usine, nous serons plusieurs enfants à assister, impuissants, à l'arrestation d'un jeune maquisard descendu de la montagne ; il sera frappé sauvagement, emmené et, nous l'apprendrons peu après, fusillé par les miliciens.

Il me revient en mémoire
Il me revient une histoire
Il me revient des images
Un village
Mon village

Il me revient en mémoire
Je sais pas
Comme un songe
Cette histoire
Et voilà qu'au loin
S'avance
Mon enfance
Mon enfance
C'était je crois un dimanche
C'était je crois en novembre
Qu'importe
Mais je revois l'usine
Oui l'usine
Se dessine
Surgit
Du livre d'images
Un ciel gris d'encre
Une angoisse
Et des ombres
Qui s'avancent
Et te frappent
Et t'emportent
En cadence
En cadence...

Août 1944 : comme un bouquet de feu d'artifice, la libération de Paris ! Paris libéré ! Qu'est-ce que cela peut représenter pour moi à cette époque-là ? Les voyages, les exodes, les fuites de 1939 à 1945 n'ont pas rendu ma vie douloureuse ; la faim ne m'a jamais vraiment tenaillée, je n'ai jamais été trop longtemps séparée de ma mère, nous n'avons jamais porté l'étoile jaune, aucun de nous n'a été déporté. Mes peurs et mes douleurs d'enfant, est-ce vraiment à la guerre que je dois les imputer ?

Je pense que le mot « libération » voulait dire pour moi que c'en était fini des morts et des atrocités, et que le monde allait pouvoir se retrouver. C'était comme une immense fête. J'allais revoir ma Granny. Nous allions habiter enfin une vraie maison. J'allais pouvoir être juive sans peur, librement.

Nous restons encore quelque temps à Saint-Marcellin où nous voyons arriver les Américains. Entre-temps, mon petit frère Claude nous a rejoints ; il a deux ans : c'est drôle de retrouver un petit frère qui parle ! Je le promène en poussette.

Nous quittons Saint-Marcellin en 1945. Je suis triste, j'éprouve une drôle de sensation ; j'ai beau savoir que c'est pour retrouver Paris, pour moi, c'est partir vers l'inconnu.

Quand je reviendrai à Saint-Marcellin, vingt-trois ans plus tard, dans ma « belle Mercedes grise à toit ouvrant », c'est « Peter » qui conduira. Marie Chaix sera près de moi. Bouleversée, je traverserai la grande rue, puis la place d'armes qui mène au chemin bordé de mûres. Je retrouverai le coteau, la villa qui, en fait, n'est qu'une modeste maison ; les dahlias fauves seront toujours là.

J'ai eu tort je suis revenue
Dans cette ville au loin perdue
Où j'avais passé mon enfance
J'ai eu tort j'ai voulu revoir
Le coteau où glissait le soir
Bleu et gris ombre de silence
Et j'ai retrouvé comme avant
Longtemps après
Le coteau l'arbre se dressant
Comme au passé
J'ai marché les tempes brûlantes
Croyant étouffer sous mes pas
Les voix du passé qui nous hantent
Et reviennent sonner le glas
Et je me suis couchée sous l'arbre
Et c'étaient les mêmes odeurs
Et j'ai laissé couler mes pleurs
Mes pleurs

J'ai mis mon dos nu à l'écorce
L'arbre m'a redonné des forces

RÉCIT INACHEVÉ

Tout comme au temps de mon enfance
Et longtemps j'ai fermé les yeux
Je crois que j'ai prié un peu
Je retrouvais mon innocence
Avant que le soir ne se pose
J'ai voulu voir
La maison fleurie sous les roses
J'ai voulu voir
Le jardin où nos cris d'enfants
Jaillissaient comme source claire
Jean, Claude et Régine et puis Jean
Tout redevenait comme hier
Le parfum lourd des sauges rouges
Les dahlias fauves dans l'allée
Les puits tout j'ai tout retrouvé
Hélas

La guerre nous avait jetés là
D'autres furent moins heureux
Je crois
Au temps joli de leur enfance
La guerre nous avait jetés là
Nous vivions comme hors la loi
Et j'aimais cela quand j'y pense
Ô mes printemps ô mes soleils
Ô mes folles années perdues
Ô mes quinze ans ô mes merveilles
Que j'ai mal d'être revenue

Ô les noix fraîches de septembre
Et l'odeur des mûres écrasées
C'est fou j'ai tout retrouvé
Hélas

Il ne faut jamais revenir
Au temps passé des souvenirs
Du temps béni de son enfance
Car parmi tous les souvenirs
Ceux de l'enfance sont les pires
Ceux de l'enfance nous déchirent
Vous ma très chérie ô ma mère
Où êtes-vous donc aujourd'hui
Vous dormez au chaud de la terre
Et moi je suis venue ici
Pour y retrouver votre rire
Vos colères et votre jeunesse
Mais je suis là avec ma détresse
Hélas

Pourquoi suis-je revenue
Et seule au détour de ces rues
J'ai froid j'ai peur
Le soir se penche
Pourquoi suis-je venue ici
Où mon passé me crucifie
Elle dort à jamais mon enfance...

Du retour en octobre 1945 : rien.

Je ne me souviens de rien.

Ni comment nous avons quitté Saint-Marcellin, ni comment nous sommes arrivés à Paris.

Granny nous attend dans son petit appartement de la rue Marcadet. Nous nous étreignons en pleurant de joie. Elle ne pose aucune question. Elle a préparé un strudel et des kirkles. Je lui montre ma cicatrice et, à nouveau, les notes de musique éclatent et se cognent dans ma tête. Granny aussi les entend. Elle pose les mains sur mon visage et, du bout de ses doigts, recueille le désespoir qui glisse lentement de mes yeux.

– Granny, je serai chanteuse.

À Paris, nous n'avons pas d'appartement. Des amis de mon père nous prêtent un logement rue Notre-Dame-de-Lorette. Puis c'est Le Vésinet et la pension de famille « les Trois Marronniers ».

Je viens d'avoir quinze ans, l'âge autorisé pour prendre des cours de chant. Je rappelle à mes parents leur promesse. Ils sont toujours d'accord, mais ne s'occupent de rien. Ils me laissent l'initiative, persuadés que ce n'est là qu'une envie passagère, une tocade.

Je cherche donc un professeur de chant. Dans une rue adjacente, je tombe en arrêt devant une plaque cuivrée où il est écrit :

MADAME THOMAS-DUSSÉQUÉ
Professeur de Chant

Dès le hall de la maison, j'entends des vocalises, des gammes, des éclats de voix rythmés ; j'aperçois des danseuses ; une jeune fille chante en marchant. On se croirait dans un de ces films de comédie musicale où jouait Deanna Durbin. Dans une autre pièce, une grande et belle femme rousse, un peu forte comme dans les gravures 1900, joue du piano ; ses yeux sont bleus, son lourd chignon piqué de deux épingles d'écaille. C'est Mme Dusséqué.

– Bonjour, madame, je veux chanter ; comment faire ?

– Il faut travailler sa voix, mademoiselle.

Je parle beaucoup et très vite, je raconte mon grand rêve. Mme Dusséqué m'écoute.

Je vais prendre des cours de chant.

Je prends mes leçons deux fois par semaine, assidûment, à la stupéfaction de mes parents.

Jamais ils ne viendront assister à un cours, partager mes émotions, mon bonheur. Je commence toute seule ma vie de femme qui chante.

Mme Thomas-Dusséqué est une femme remarquable. À la fois excellente pédagogue et attentive à tout ce que je ne dis pas, elle est la première personne à me regarder et à m'écouter. Elle va m'entourer d'affection et, en retour, je m'attacherai beaucoup à elle.

Au début, je crois que je vais tout de suite chanter !

Je suis déçue lorsqu'elle m'explique qu'il va falloir d'abord travailler techniquement ma voix. Pendant un an, je ne fais que des exercices vocaux, j'apprends à respirer, à amplifier, élargir, tonifier, poser ma voix.

Sachant que je ne dispose pas d'un piano et que je ne peux vocaliser à la pension, Mme Dusséqué m'apprend à travailler mentalement. Je travaille partout, le jour en marchant, la nuit dans mon sommeil ; je viens d'acquérir une pratique qui me servira toute ma vie. J'ai appris à m'écouter, à intérioriser, à m'isoler avec une grande liberté.

J'écoute les petites voix, je scrute la lumière rouge qui va s'allumer, toute ma vie, pour me prévenir d'un danger quand je « vertigine » en haut des hautes falaises. Ces voix me préserveront, m'empêcheront toujours de glisser jusqu'à la chute. Elles précéderont presque toujours les décisions relatives au choix des théâtres, des dates auxquelles je me produirai. Elles me confirmeront dans mes choix, celui des êtres, surtout, m'apprendront à fuir la discorde, la dysharmonie, m'ordonneront de me relever ou de me laisser aller à ma fatigue...

Je mettrai beaucoup de temps à savoir contrôler ma respiration. Le souffle, c'est comme une colonne d'air qui fait monter et descendre une balle de ping-pong sans que jamais elle se pose ; cette image, je m'y réfère encore aujourd'hui. Le souffle permet d'enfler, de filer, de tenir un son.

Je découvrirai encore au fil du temps que la voix debout, la voix assise, la voix couchée sont autant de voix différentes...

Riche d'une palette de tons infinie qui nous permet de « dire, dialoguer, chanter, charmer, reproduire ou créer d'autres sons », la voix est magique. Pour toute personne faisant un usage professionnel de sa voix, les cordes vocales constituent un instrument précieux et d'une grande fragilité. Les orateurs, les acteurs, les avocats, les artistes, les enseignants, les camelots savent bien à quel point la voix, indépendamment des mots qu'elle véhicule, peut servir à séduire, à convaincre.

L'état de nos cordes vocales, « accordées » ou « désaccordées » selon notre état physique ou psychique, réclame donc les plus grands soins, la plus grande vigilance. Quelqu'un qui entre en scène avec de la peur, du chagrin, etc., peut momentanément détimbrer sa voix. L'expression « J'en suis resté sans voix » dit bien le phénomène.

Une des nombreuses raisons qui, tout au long de ma vie, m'ont fait arriver très tôt dans les théâtres où je me produisais est que je tenais à me préserver de toutes les émotions venues de l'extérieur. En effet, toute fatigue ou tout choc émotionnel, transitant d'abord par notre psychisme, va d'emblée atteindre nos cordes vocales et les fragiliser.

La voix est un baromètre d'une exactitude extrême. Combien de fois, à une modification même infime et quasi imperceptible de leur timbre de voix, n'ai-je pas su déceler l'état physique ou moral de tel ou tel de mes amis ! Nous avons tous connaissance de timbres de voix qui nous sont insupportables, parfois même jusqu'au dégoût. On sait également le pouvoir de certains agitateurs ou tribuns politiques de sinistre mémoire dont nous gardons les accents fichés dans nos tympans.

E. E..., phoniatre, a ouvert un Laboratoire

de la voix à Paris ; c'est d'ailleurs, à ma connaissance, le seul à exister aujourd'hui en France. Découvrir mes cordes vocales par l'image fut une véritable révélation. La faculté de les situer et de les visionner a énormément compté ; depuis lors, aucune préparation de concert ne s'est faite sans un suivi de mon état vocal, sans l'écoute attentive et compétente d'E. E..., à qui je dois énormément.

Très longtemps j'ai imaginé que nos cordes vocales étaient comme des cordes de guitare ; je n'arrivais à voir ni leur emplacement exact, ni leur consistance, ni leur mode de fonctionnement.

Aujourd'hui, je sais et suis de ce fait beaucoup moins angoissée.

J'ai souvent eu l'impression que ma voix venait d'une « autre », mais ce phénomène ne s'est vraiment manifesté qu'à partir de l'instant où j'ai chanté en public. Je m'aperçois d'ailleurs que j'ai fait dire à Lily-Passion : « C'est ma voix et ce n'est pas ma voix. »

La voix est le principal témoin de nos émotions, du premier cri jusqu'au dernier souffle qui demeure un son, jusqu'au silence si particulier qui règne après la mort.

Tant pis si la formule est un peu emphatique, mais je dirai volontiers : « La voix est la musique de l'âme. »

Chez Mme Dusséqué, je rencontre d'autres élèves ; apparemment, je suis la plus jeune. Parfois, j'assiste au cours donné aux autres. C'est vraiment un bouleversement dans ma vie. Les vocalises commencent à me passionner, les onomatopées deviennent pour moi de vrais mots ; les onomatopées ont de l'humour, de la mélancolie, de l'attaque, de la séduction.

Mme Dusséqué me signale qu'une fois par mois, il y a une audition, à Paris, chez Maître Paulet, professeur au Conservatoire, dont elle-même est la répétitrice.

Me voici donc partie avec elle chez Maître Paulet. Bel appartement, ambiance feutrée. Le Maître a des yeux bleus translucides. Elle me présente. Ils se concertent à voix basse et ça y est, je vocalise à Paris chez un professeur au Conservatoire !

Maître Paulet me questionne sur ce que j'ai envie de faire.

— Je veux faire du « miousic hall » !

Il m'écoute. Il rit, je ris.

Il décide que je pourrai enfin chanter ma première mélodie. Ce sera *Les Berceaux*, de Gabriel Fauré.

Je les reverrai tous deux une fois par mois ; ils se montrent très attentifs, chaleureux, me guidant sans rien chercher à m'imposer. Je les décevrai pourtant, puisqu'ils ambitionnaient pour moi une carrière classique.

Nous sommes en 1946. Nous quittons Le Vésinet, mes parents ayant enfin trouvé un appartement. J'obtiens d'eux la promesse que je pourrai poursuivre mes cours de chant.

Dans le XXe arrondissement de Paris, pas loin de la porte de Montreuil et du cinéma qui deviendra le célèbre Studio Davout, près de la si jolie rue Saint-Blaise et de sa vieille église, la rue Vitruve... le 50 de la rue Vitruve !

« Vitruve » ! Une forteresse ! Un carrefour, le dernier appartement avant l'éclatement de la famille.

C'est un vieil et modeste immeuble de cinq étages avec une cour intérieure entourée d'autres bâtiments. Nous habitons au second. L'appartement est assez sombre. La chambre de mes parents donne sur la rue Vitruve ; celle que je partage avec ma petite sœur Régine, sur la cour. Souvent, nous regardons par la fenêtre, échangeons des signes avec d'autres enfants. De cette cour nous parviennent les éclats des disputes entre locataires, des cris d'enfants qui jouent, des pleurs ; l'été, des odeurs de poubelles.

La cour résonne, elle est grise, sans soleil.

Mais faire jouer la transparence
Au fond d'une cour aux murs gris
Où l'aube aurait enfin sa chance...

Jean et Claude occupent la chambre du fond, qui est glaciale.

Mon frère Jean poursuit ses études ; moi, j'ai arrêté ma scolarité au Vésinet, avec l'autorisation de mes parents, à condition que je cherche du travail.

Cet été-là, nous allons partir en vacances, nos premières vacances en famille ! À la mer ! En Bretagne, à Trégastel.

J'en ai gardé le souvenir de vraies vacances, au sein d'une « bande de copains », avec des sorties jusqu'à minuit.C'est là que je suis tombée amoureuse de la Bretagne.

Il se passe à Trégastel des choses peu anodines.

Un après-midi, je fugue pour fuir mon père. Je n'en peux plus. Je marche, je marche, je marche. Je décide d'aller à la gendarmerie. Le gendarme m'écoute attentivement, j'ai même l'impression qu'il me croit. Mais il m'explique

que je ne suis pas majeure et que je dois retourner chez mes parents !

C'est mon père qui vient me rechercher. Il laisse entendre que je suis une malade, une « affabulatrice ». Il me ramène à la maison, je le hais. Je suis punie pendant plusieurs jours, mais je sens que ma démarche l'a frappé.

Notre maison se trouve au bord d'une route ; de l'autre côté de cette route, de hauts rochers bruns, des genêts d'or.

Un après-midi, seule dans la maison, j'entends distinctement la voix de ma Granny ; sa plainte semble sortir des rochers.

Lorsque ma mère revient, je lui fais part, d'une voix bouleversée, de ce que j'ai entendu.

Quelques heures plus tard arrive un télégramme. Ma mère doit rentrer d'urgence à Paris. Granny s'est endormie. Ma Granny nous a quittés.

Je supplie mon père de me laisser rejoindre ma mère. Il refuse. Je menace, je hurle ; cette violence lui fait peur.

Je pars.

Rue Marcadet, le chagrin me rapproche de ma mère. Nous accompagnons Granny jusqu'au cimetière de Bagneux, puis nous rentrons chez nous, « à Vitruve ».

Ma Granny, je l'ai tellement aimée que, même aujourd'hui, j'ai du mal à en parler. C'est comme une morsure en plein cœur. Lors de sa disparition, le choc fut si important que, durant deux années, refusant sa mort, je la voyais surgir de partout, persuadée qu'elle était toujours vivante.

Granny prépare des kirkles...

Granny m'emmène au Jardin d'Acclimatation...

Je joue ma musique pour Granny...

Granny me donne une petite poupée russe... une boîte... un sac...

Granny sent la poudre de riz...

Granny porte des boucles d'oreilles en cristal...

Granny me chante une berceuse...

Elle me raconte des histoires de loups...

Granny me tient contre elle dans le grand lit...

Granny prépare du mouton aux amandes et des beignets aux fruits...

Granny reçoit ses amies. Les amies de Granny sentent le thé, l'orange confite. Granny et ses amies ne parlent que le russe. Je les vois rire très fort. Elles font beaucoup de gestes.

Elles sont très vieilles, mais gracieuses avec leurs cheveux blancs nattés autour de la tête et leurs hautes pommettes légèrement rosies. Elles portent autour de leur cou des rubans de velours noir ; au milieu du velours, il y a un bijou, parfois une pierre de couleur, un camée, une tête blanche épinglée sur le velours. Il y en a même une qui porte une longue chaînette d'or garnie de petites perles laiteuses.

Granny vient m'apporter un gâteau aux noix truffé de raisins de Smyrne. Elle dépose un morceau de gâteau sur une assiette posée près d'elle. Toutes ces dames me regardent. Je fais mes yeux, allonge le cou, me déplie et me dirige gravement vers l'assiette. Les dames rient. Granny m'embrasse ; je ris avec ma Granny.

Je n'ai fait mon deuil de Granny que très tard, longtemps après.

Toute la famille est donc rentrée « à Vitruve ».

La vie reprend son cours. Ma mère, très ébranlée, se replie sur son chagrin.

Mme Dusséqué vient enseigner à Paris dans un studio de la Salle Pleyel. De ce fait, les choses deviennent plus simples pour moi. Mon père me loue même un piano droit. L'idée que je devienne une artiste semble ne pas lui déplaire.

Je n'ai jamais reçu de leçons de piano, je jouais d'oreille. Je ne connaissais d'ailleurs rien au solfège, qui me rebutait.

Sur le piano loué, je n'ai pas joué souvent. Difficile de concilier les études de l'un et les vocalises de l'autre ! Exaspération, colères. Cependant, j'ai très bien compris et souvent, de moi-même, refermé le couvercle de mon piano droit.

Un après-midi que nous sommes seules, ma mère et moi, elle s'assied au piano, souriante, et me joue des valses de Chopin. J'ignorais que ma mère savait jouer du piano ; je pleure.

Mon père s'absente souvent et de plus en plus longuement.

Mon petit frère Claude et ma sœur Régine vont à présent à l'école.

Je continue de travailler le chant classique et viens d'entrer au Conservatoire dans la classe de Maître Paulet, comme « auditrice ». On était auditrice quand on n'avait réussi qu'à deux examens sur trois.

J'ai passé mon concours avec *Les Visiteurs du soir* de Maurice Thiriet, *Le Récit de la messagère* de l'*Orfeo* de Monteverdi, *La Ronde* de Paul Fort et Jean Hubeau. J'avais très peu de voix, ce qui incita une dame du jury à faire remarquer qu'il ne fallait pas confondre le Conservatoire de musique de la rue de Madrid avec le Conservatoire d'Art dramatique ! Depuis, je n'ai cessé d'envier les « contre-ut » et les « contre-la » des grandes et belles voix de Régine Crespin, Gabriel Bacquier, Michel Sénéchal...

J'ai travaillé Fauré, Schumann, Debussy... et j'ai écouté les autres chanter Wagner, Rossini, Berlioz, Mozart... Jamais je n'ai pu chanter de ces œuvres-là.

C'est Mme Dusséqué qui m'a emmenée pour la première fois à l'Opéra, à l'Opéra-Comique et aux concerts. Ça m'emplissait les oreilles et les yeux de sons et de visions magnifiques. Mais une petite lampe rouge clignotait dans ma tête, m'avertissant que je n'étais pas là sur ma bonne route.

Je rêvais d'autre chose, du cirque où la cousine Maroussia et son mari Gricha m'avaient souvent emmenée quand j'étais petite. Ça m'avait plu, les acrobates, les écuyères, l'odeur de sciure, les halos de lumière, les coups de cymbales, les clowns !

Je pensais aux flonflons, aux claquettes, à la plume, au strass, à la « gambette ».

C'est ça qui m'attirait !

Un jour, je suis allée écouter Édith Piaf. Elle chantait sur les boulevards, au Théâtre de l'ABC. Je me souviens d'être restée collée à mon siège. Sa voix m'avait fait pleurer et les yeux et le cœur.

Je me suis mise alors à découvrir passionnément la chanson : Marie Dubas, Fréhel, Marianne Oswald, Esther Lekain, Charles Trénet, Mayol, la Miss, Zarah Lander, Mireille... C'était magnifique, Mireille, cette voix acidulée, précise et si percutante, cette manière si jolie qu'elle avait de s'accompagner au piano...

J'écoutais tout, je dévorais les mots et la musique dans le vieux poste de « Vitruve » où tu devais glisser une pièce pour un quart d'heure d'écoute !

En ce temps-là, on chantait encore, on fredonnait dans la rue, partout. On sifflotait, c'était joyeux. Il y a longtemps que je n'ai plus entendu un « ouvrier du bâtiment » siffler. Il est vrai que les échafaudages sont de plus en plus hauts, les éventuels sifflets couverts par le bruit des villes.

Comme c'était bien, les chanteurs des rues, avec leur porte-voix ! Tout le monde alentour reprenait en chœur et les vieux porte-monnaie de cuir s'ouvraient pour acheter des partitions ornées des têtes des stars de l'époque.

Ça bougeait, ça guinchait, ça dégingandait, ça chaloupait, ça enamourait, ça déclamait férocement, ça peinturlurait l'hôpital, ça racontait l'amour d'une mère, le corps chaud d'un homme, les roses du dimanche, les hanches des filles, les hommes à rouflaquettes ou en haut-de-forme, chaussés de leurs vernis à guêtres, ça politiquait ferme, c'était la criée du quotidien, le journal de pas d'heure en plein air.

En ce temps-là, les femmes chantaient encore au lavoir, à l'atelier, à la veillée. Aujourd'hui, on « karaoque » devant sa télé, ce qui est peut-être une façon d'en revenir aux veillées d'antan, sans feu de bois, sans vraie connivence, dans le bruit.

La chanson est dans le quotidien de chacun ; c'est sa fonction, sa force. Sociale, satirique, révolutionnaire, anarchiste, gaie, nostalgique.... Elle ramène chacun de nous à son histoire : *Les Feuilles mortes, Parlez-moi d'amour*...

Le mot n'existait pas encore, mais les interprètes étaient drôlement *lookés* ! Mayol, avec son toupet sur la tête. La Goulue, si bien peinte par Lautrec. Fragson, Yvonne George, Jane Avril. Valentin le Désossé, tout en noir, tout en jambes. La Guilbert avec ses longs gants noirs. Marianne Oswald, la rousse, la « roc-keuse ». Et combien d'autres ! C'étaient quand même de sérieux « allumés » qui, s'ils reve-naient aujourd'hui, en remontreraient à beau-coup dans le non-conformisme.

Mais, encore que son *look* ait été rudement bien trouvé, ce ne sont pas ses gants noirs qui ont fait une Yvette Guilbert, c'est son phrasé incisif, cette terrible intelligence de la voix.

Chaque chanteuse a son phrasé. Un *look*, c'est bien, mais ce n'est qu'une image qu'on peut reprendre. En revanche, on ne peut pas calquer la respiration, l'accent, l'empreinte vocale d'une artiste, sa vraie différence.

Aujourd'hui, la musique s'écoute plus qu'elle ne se chante. Est-ce parce qu'elle est devenue moins mélodique ? Parce que nous vivons plus repliés sur nous-mêmes avec notre Walkman collé aux oreilles ?

Il est vrai que les bruits de la ville sont deve-nus si tonitruants et cacophoniques que nous sommes obligés d'écouter la musique et les mots de plus en plus fort. Et cette musique et ces mots qui étaient censés nous rapprocher, nous éloignent plus que jamais les uns des autres.

À propos de *look* : quand je suis petite, je suis déjà longue et maigre. Puis, à dix ans, rondelette ; à vingt ans, grosse d'avoir traversé tant d'avanies, comme pour me matelasser et me protéger contre celles encore à venir. Le chagrin ne nourrit pas, mais fait grossir. Quand j'ai vingt-cinq ans, c'est la scène qui m'apprend que j'ai un corps que je vais devoir écouter et regarder. Lentement, je reprends forme. La scène m'incite à mettre en valeur mes jambes maigres, mes longs bras, mon cou, mes mains. Mon corps me dicte ; j'écoute mon corps et le suis.

J'ai fait ainsi avec ma laideur en scène. Au départ, je ne supportais pas ce physique que je lisais « dérangeant » dans le regard des autres. J'ai lentement appris à l'accepter. J'ai commencé à sculpter, à modeler cette matière vivante qui m'avait été donnée. Ai-je ainsi façonné la femme que je voulais être, ou bien cette métamorphose a-t-elle été due à la scène elle-même qui m'a fait peu à peu ressembler à ce que je suis physiquement devenue ? Il est bien rare que les gens aiment l'image que leur renvoie leur miroir, et plus rares encore sont ceux qui ne bondissent pas à l'écoute de leur voix : « C'est moi, c'est ma voix, *ça* ? »

Les choses prennent forme progressivement et, du jour où nous nous sentons bien dans notre corps, où nous acceptons vraiment notre image, nous l'adoptons, la mémorisons.

C'est pourquoi, me semble-t-il, il est si difficilement admissible de vieillir, car soudain c'est le temps et lui seul qui s'érige en « grand décideur ». C'est lui qui va brouiller et déformer de plus en plus vite cette image, jusqu'à la fin.

Enfin, peut-être, je ne sais pas... Je ne comprends d'ailleurs pas très bien ce que je viens de formuler, même si c'est ce que je ressens très fort.

Tout à coup, je me suis donc aperçue qu'en fréquentant le Conservatoire, je ne marchais pas sur mon bon chemin.

Je voulais chanter les mots et la musique des autres. Seule à mon piano, je voulais dire, murmurer, raconter, dialoguer, colérer, dénoncer, « violencer », « humourer », parler d'amour enfin !

Je m'en suis expliquée auprès de Mme Dusséqué et de Maître Paulet. Sans doute leurs rêves pour moi étaient-ils ailleurs, mais ils comprirent. Toujours ils m'avaient laissée libre de décider de ce que j'aimais et de ce dont je ne voulais pas. Je leur dois beaucoup.

Je ne suis plus jamais retournée aux cours.

Ce n'était plus mon affaire ; plus mon histoire.
Ce n'était pas ce que je voulais faire.

Je voulais faire du « miousic-hall » !

Début 1948 : audition au Théâtre Mogador.
On recherche des mannequins choristes pour
l'opérette *Violettes impériales*, livret d'Albert
Willemetz sur une musique de Vincent Scotto.
Les deux principales vedettes en sont Marcel
Merkès et Lina Wals. Cette dernière, je n'en
entendrai plus jamais reparler. Michel Merkès,
lui, deviendra une vedette « barytonne » et
chantera longtemps à Mogador avec son
épouse, Paulette Merval.

Je me rends à l'audition.

Dans les coulisses, un brouhaha de jeunes
femmes de vingt, vingt-cinq ans au plus. Les
unes tricotent, les autres papotent en attendant
leur tour. Aucune angoisse, il règne là une
ambiance presque familiale.

Henri Varna auditionne ce jour-là des choristes hommes et femmes, soit pour Mogador,
soit pour le Casino de Paris dont il est aussi le
directeur.

C'est la première fois que je chante sur une
scène, dans un théâtre.

« Artiste » aux cheveux longs, j'avais une

robe bleu Nattier, une formation classique, et dix-huit ans.

– Vous nous chantez ?

J'annonce mon morceau en articulant bien fort :

– *La Tombe obscure*, musique de Ludwig van Beethoven, paroles de…

Aucune réaction.

Quand même, Beethoven !

Le pianiste attaque les premiers accords. C'est à moi, je vais chanter

> *In questa tomba oscura*
> *Lachiami reposar*
> *Quando vivevo ingrata…*

Je suis tout de suite interrompue. J'entends mal la voix qui me parle et qui monte de la salle. Je fais répéter en me penchant, les mains en visière.

– Ça suffit. Vous pourriez marcher en relevant votre jupe ?

– Mais, monsieur !

Je remets mes mains en visière.

– Oui, oui, pour la voix ça va, mais on veut vous voir marcher, on veut voir aussi vos jambes. Marchez, marchez !

J'avais travaillé un mois ce morceau en vue de mon audition !

J'ai marché en relevant ma robe bleue, puis suis retournée rejoindre les autres candidates dans les coulisses, le « cœur en pointe », dans l'attente des résultats.

Comme pour le bac, à cette différence près que le bac, je ne l'ai jamais passé, pas plus d'ailleurs que le certificat d'études !

Je suis la seule engagée sur trente-cinq et je commence dès la semaine suivante. Le régissuer tête-de-gargouille m'explique que je vais remplacer une choriste « un peu trop âgée » maintenant pour se trouver sur le devant de la scène. Je ne comprends pas très bien ce que cela veut dire, mais je signe mon premier contrat : treize mille francs par mois pour jouer tous les soirs, sauf le lundi, mais excepté le premier lundi du mois parce que c'est le jour des commerçants ! Les samedi et dimanche, il y a deux matinées et une soirée, mais les matinées ne sont pas payées. Ah bon ! Je trouve que c'est révoltant, mais je ne discute pas et signe.

Gargouille me donne une place pour venir voir le spectacle le soir même afin de bien retenir ce que j'aurai à faire.

Huit jours plus tard, je débute. Que c'est difficile de se déshabiller pour la première fois dans une loge où vingt-quatre filles à demi nues vous jaugent !

Et me voilà sur scène sans avoir répété, emperruquée, dans ma robe de crinoline, avec mes faux cils mal collés qui me piquent les yeux.

Parmi les décors de *Violettes impériales,* il y a, dans un des tableaux, une plate-forme tournante. Le premier soir, par solidarité avec leur camarade reléguée quelques rangs en arrière, aucune fille ne m'a prévenue de rien, et je coince ma chaussure dans le rail de la plate-forme pivotante. En essayant de la retirer, je bouscule un grand pan de décor représentant une église ; il vacille.

Je me garde de me plaindre en remontant dans la loge, comprenant que j'ai été mise en quarantaine…

Quelques jours plus tard, je suis définitivement admise par mes camarades qui m'ont surnommée « Bambi ». Je suis la plus jeune de toutes, et d'humeur rieuse ; elles m'ont très vite prise sous leur protection et m'ont appris à me maquiller, à coiffer ma perruque, à enrouler mes faux cils, le soir, sur une allumette afin de les retrouver bien recourbés le lendemain.

Il y avait une habilleuse, madame Blanche,

qui, entre chaque tableau, nous dégrafait puis nous ragrafait *prestissimo*. Les loges étaient au deuxième étage, on grimpait à toute allure les escaliers étroits en retroussant nos lourdes robes à crinoline. Nous étions douze choristes et douze danseuses à partager une grande loge commune, toutes assises devant nos tables à maquillage. La multitude d'ampoules encadrant les glaces donnait un air de Noël à la loge et c'était tous les soirs comme une grande braderie bariolée ; toutes ces couleurs, toutes ces soies, ces taffetas, ces satins, ces dentelles, ces bijoux, ces perruques, ces guêpières, ces fanfreluches de french cancan, cette odeur de poudre de riz – qui me rappelait celle du sac à main de Granny – et de colle à faux cils... Que ça m'a plu ! Que j'ai aimé ça ! Que c'était chaleureux et vivant !

À cette époque-là, les choristes, les mannequins et les danseuses étaient professionnellement très mal défendues. Mes camarades m'ont appris comment, si je le voulais, je pouvais arrondir mes fins de mois. Un des machinistes jouait le rôle d'entremetteur et nous trouvait des « clients » dans des milieux plus ou moins interlopes, voire, dans certains cas, très particuliers, parmi ces messieurs de la haute. Je me souviens d'un homme qui payait très cher, disait-on, pour qu'on se laissât enfermer dans un cercueil installé dans une pièce attenante à son bureau, etc. Ces combines ne m'intéressaient pas du tout, mais il me plaisait assez d'être admise au point qu'on me les proposât.

Chaque soir, après le spectacle, je reprenais le métro pour rentrer chez moi. Je descendais à la station « Maraîchers » et longeais longuement la rue des Pyrénées pour arriver, essoufflée, au deuxième étage du 50 de la rue Vitruve où ma mère, inquiète, m'attendait avant de s'endormir. Comme ça me semblait doux, de rentrer « à Vitruve » !

Je suis restée quelques mois à Mogador. Puis, un beau jour, j'ai décidé que ça suffisait comme ça. On m'a écrit en me menaçant de m'attaquer aux prud'hommes. On n'a pas osé me chercher noise, quand même, pour ces minables treize mille anciens francs par mois.

Je suis donc partie, j'avais fait la choriste avec la même passion que j'ai toujours eue à chanter. *Violettes impériales*, je m'en souviens encore aujourd'hui et, si vous le vouliez, je pourrais vous en interpréter tous les personnages.

À Mogador, je reviendrai en 1989. Ce ne

sera pas dans le même costume ; je n'aurai pas à monter quatre à quatre les deux étages conduisant à la loge commune, encombrée par une lourde robe cerclée de crinolines. Ma loge personnelle aura été installée sur le plateau. J'aurai *mes* lumières, *mon* son, *mon* piano. Et *mon* merveilleux public qui, à la sortie du spectacle, rue Caumartin, bombinera comme une nuée affectueuse autour de la voiture…

À cette époque, la relation entre mes parents s'était déjà beaucoup dégradée ; ma mère vivait des moments difficiles, sans jamais se plaindre. Mon père a finalement quitté Vitruve pour ne plus jamais y revenir. La vie est devenue moins étouffante.

Après son départ, je n'ai pu acquitter les mensualités du piano loué. Je me rappelle qu'un mercredi, sur le coup de quatorze heures, trois géants sont venus me l'enlever. C'était comme une amputation, j'aurais voulu que l'on m'aide… Je me souviens de la douleur lancinante que je ressentis dans le bas des reins ; elle reviendra à chaque bouleversement intense de ma vie.

Désespérée, envahie par une révolte d'une rare violence, je quittai Vitruve le jour même. Je n'avais pas dix-huit ans.

Au bout de la rue, place Saint-Blaise, une de mes amies tenait un bureau de tabac. Elle savait que je voulais chanter et connaissait mon désarroi. Mignonne avec sa petite tête bouclée, elle avait souffert et savait écouter. Je pouvais me confier à elle.

– Voilà, lui dis-je, je m'en vais de chez moi, mais je n'ai pas un sou.

Elle a sorti trois cents francs de son tiroir-caisse et me les a donnés ; une fortune, pour moi.

On a pleuré ensemble.

Cette généreuse petite femme est partie depuis longtemps ; je lui dois beaucoup ; en tout cas, je lui dois trois cents francs que je n'ai jamais pu lui rendre !

C'est ce jour-là qu'a commencé ma vie de voyageuse, ma longue « route ».

Je suis partie pour Bruxelles en train afin de me rendre chez un cousin très éloigné qui, lors d'un passage « à Vitruve », m'avait laissé son adresse en Belgique. Il dirigeait un orchestre de balalaïkas et savait que je voulais chanter.

Il m'a hébergée durant deux mois. Tandis qu'il me cherchait du travail, je faisais son ménage, tenais sa maison où il recevait beaucoup de monde, des gens qui ne me plaisaient pas du tout. Il me versait quelques sous. J'attendais. J'espérais.

Une nuit, je suis allée l'écouter. Ses musiciens arboraient de très amples chemises en satin rouge avec de larges manches très resserrées aux poignets. Ils étaient bottés de cuir noir. Lui, cheveux gominés, chemise de satin violet, botté de rouge : c'était le chef ! Je n'ai pas gardé un souvenir ébloui de cette soirée. Quelques jours plus tard, il m'a confié que jouer de la balalaïka était le versant artistique de sa vie. De l'autre côté, il avait des activités moins musicales, mais beaucoup plus lucratives.

Peu à peu, il est devenu méchant, brutal.

Un après-midi, je me suis enfuie avec mes quelques sous, profitant de ce qu'il était absent.

Plusieurs jours durant, je me suis cachée ; j'avais très peur qu'il me fasse rechercher. J'ai toujours eu peur de qui porte un uniforme. Et peut-être encore plus peur de qui fait le même métier sans en porter.

Mais j'avais tort de m'inquiéter, ce n'était pas un angoissé, Sacha Piroutsky ! Jamais il n'a cherché à apprendre ce que j'étais devenue.

Je ne connaissais personne à Bruxelles. J'ai traîné, rôdé. J'ai marché, beaucoup marché. Tous ces épisodes de fugue, d'exode, de fuite, je les ai toujours marchés. Comme pour aller plus avant et plus loin...

Quelquefois, je rencontrais des marginaux comme moi qui m'offraient un café, voire un « pistolet », ce petit pain fourré de salade et de frites à la moutarde. On parlait puis chacun reprenait sa course, repartait de son côté.

La ville me semblait hostile. Aujourd'hui, cela peut paraître bizarre, mais il n'y avait à l'époque ni TGV, ni autoroute. La fuite, le chagrin, la misère, la solitude augmentaient les distances. Je commençais à bien connaître Bruxelles, ses places, ses gares, ses ruelles, ses portes, l'odeur de ses frites, les petits étalages ambulants de marchands de garigole.

Un jour que je me trouve place du Nord, j'ai envie d'un vrai lit, d'un bain. Sans réfléchir, j'entre dans un hôtel, un grand et luxueux hôtel.

Je n'avais pas de bagage, rien ! Je suis entrée vêtue de mon vieux manteau gris. Au cours des jours précédents, j'avais cassé mes lunettes et mon œil droit était étoilé par la brisure du verre !

Mais je n'avais plus peur de rien. J'aurais traversé les murs, animée par mon désir obsessionnel, par ma certitude de chanter un jour.

Je franchis donc le tourniquet de l'hôtel et fonce droit vers le portier. Je lui explique mon histoire, que je romance un brin. Il me questionne, me prie d'attendre puis revient, tout sourire. Je l'ignorais, mais il a toujours existé dans les palaces des « dames de luxe », des « femmes-divan » chargées du délassement des hommes d'affaires ou autres notabilités de passage. Le portier propose de me faire prêter de l'argent pour m'habiller, réparer « mon yeux », puis de m'installer dans une très belle chambre et, ma foi, vu que je n'ai pas l'air sotte...

– Merci bien, mais ce n'est pas mon truc... Plutôt une petite chambre que je paierai plus tard, que je promets de rembourser très vite, ça oui...

Ce soir-là, je dors dans des draps après m'être détendue avec plaisir dans un bon bain. Merci, monsieur le portier ! La chambre est à mes yeux un palais.

La nuit, par la fenêtre, je vois clignoter en haut de l'immeuble d'en face un néon publicitaire vantant la bière Ekla : *Ekla... Ekla...*, comme au fronton d'un théâtre.

Le jour, je cherche un emploi dans une ville où je ne connais rien ni personne. Il me faudrait un permis de travail que je n'arrive pas à obtenir. Le portier m'indique diverses adresses où l'on demande des serveuses. En vain. Je me sens seule, au bout du monde. Je commence à me sentir mal. Je commande des repas, des cafés que je fais monter dans ma chambre. Je signe des notes qui s'allongent. Au bout d'un mois, la direction de l'hôtel se manifeste très normalement. Le portier me réitère sa « très gentille proposition ». On commence à me refuser mes plateaux, puis mes cafés. J'ai faim.

Un soir, je descends dans la rue pour me prostituer. Ce n'est pas le malheur, le grand malheur ; mais c'est un grand chagrin.

Pour de l'argent, pour manger ou pour élever un enfant, par amour pour un « mec », pour payer sa « dope », rarement par vice, c'est ainsi que ça commence.

Ce métier-là, j'aurais aimé le faire comme un sacerdoce, un vrai don de soi. Donner de l'amour. Je l'ai écrit : *Je suis une petite sœur d'amour, hop-là !...* Être petite sœur d'amour, chanter, prendre le voile, tout ça, c'est du pareil au même. Sauf que chanter, monter sur scène en pleine lumière, revêtue de son habit de scène, c'est faire montre d'un grand égocentrisme et d'une belle indécence.

Il est vrai que c'est toujours une chose merveilleuse que de gagner sa vie en faisant métier de ce que l'on aime. Longtemps, ça ne m'a pas plu de gagner de l'argent tout en chantant. Chanter, pour moi, c'était « prendre le voile », « sacraliser ». Après, j'ai mieux compris...

Enfin bref, me voilà sur le boulevard Anspach.

J'ai peur, j'avance.

J'avance, j'ai peur.

J'ai peur, mais j'avance quand même, chantera Lily-Passion en 1986.

Il pleut ; j'ai faim, j'avance.

Ce n'est pas possible que ce soit moi, ce soir-là, qui marche sur le boulevard Anspach !

J'ai des vertiges. Je marche, mais qu'est-ce que je fous là ?

Je pense à Mme Dusséqué. « À Vitruve » où je n'ai jamais donné de mes nouvelles.

M'ont-ils cherchée, fait rechercher ?

J'arrive dans une rue transversale où les filles travaillent. Je passe tout près d'elles. Elles sont belles, elles sentent bon.

Avec ma paire de lunettes « à un œil », dans mon vieux manteau gris, je suis vite repérée par les filles qui m'interpellent en riant. J'ai faim. J'avance, j'ai honte. Je bifurque mais je sens que je suis suivie ; je presse le pas. Derrière moi, on accélère aussi. On me parle ; je me retourne, je regarde, j'insulte très fort. Il faut du courage pour se prostituer, je n'ai pas ce courage-là. Je ne sais plus ce que je crie. Surpris, l'homme essaie de me calmer. Je hâte à nouveau le pas. Il m'escorte toujours, sans plus me parler. Au bout d'un moment, sans méchanceté, il dit doucement :

– Je m'appelle Charles Aldoubaram.

– J'ai faim.

Aldoubaram me fait entrer dans une brasserie de la gare du Nord. Je dévore des frites, des moules, des frites et encore des frites.

Il est assis en face de moi, Charles Aldoubaram, dans son beau manteau de loden, bien au chaud, lunetté d'écaille. Grand, sympathique, teint pâle, souriant. Il ne dit rien, il attend que je sois rassasiée.

Et les mots déboulent de ma bouche, je dévide ma litanie :

– Je veux chanter...

Je raconte ces trois mois écoulés à rôder. Les portes fermées. La fatigue. Seule avec soi. Je dis l'hôtel sans argent, impayé.

Nous parlons toute la nuit dans cette brasserie qui ne ferme pas. Aldoubaram dirige un casino connu en France. C'est vrai, il cherchait une fille sur le boulevard Anspach. Il est là pour affaires. Il rentre le jour même à Paris et propose de me ramener. Il va téléphoner à sa femme, lui expliquer. Ils ont une grande maison. Il est juif, tout à coup il se sent envers moi des devoirs. Il est gentil, Aldoubaram.

Je suis venue pour chanter, je ne repartirai pas sur un échec.

Il me demande si je connais du monde à

Bruxelles ; je lui raconte le joueur de balalaïka aux cheveux gominés, moitié musicien, moitié maquereau. Il rit, je ris avec lui.

Je l'accompagne au train. Jusqu'à la dernière seconde, il insiste pour me ramener avec lui. Je refuse. Il me donne de l'argent et me fais promettre de régler l'hôtel et faire réparer mes lunettes. Il me communique son numéro de téléphone à Paris.

Il est parti. Je reste sur le quai. Il a été formidable, Aldoubaram.

Un soir, bien plus tard, je recevrai une brassée de fleurs à l'Olympia, et ces mots : *Vous aviez raison – stop – Bravo – stop – Aldoubaram.*

Je n'ai pas osé le revoir ; c'était stupide. Je le regrette aujourd'hui.

J'ai rencontré dans ma vie des gens de toutes sortes, même des gens du milieu, « voyous » peut-être, mais souvent généreux et ayant un certain sens de l'honneur. Monsieur Victor, que je vais bientôt évoquer, a existé, et aussi Jo Attia, et monsieur Paul qui portait des brillants à chaque doigt. Des êtres qui m'ont aidée sans le savoir, auxquels je me suis parfois réchauffée, qui ont pris le temps de me regarder et m'entendre.

Après le départ d'Aldoubaram, ainsi qu'il

me l'avait demandé, j'ai remplacé mon verre de lunette et payé l'hôtel. Puis j'ai quitté Bruxelles.

Quelque temps auparavant, j'avais rencontré Peggy, une jeune femme très paumée qui attendait un enfant ; elle avait quitté Charleroi et désirait y retourner. Elle me parlait de ses amis, un groupe d'artistes qui avait ouvert un lieu de rencontre appelé La Mansarde. Avec ce qui me restait d'argent, nous sommes parties toutes deux pour Charleroi.

Charleroi est alors une ville minière, dure aux gens qui y vivent. Il y a un faubourg aujourd'hui tristement célèbre, Marcinelle. C'est là qu'habitent les amis de Peggy. Dans ce Nord où tout me semble rude, La Mansarde, où je débarque, est comme un soleil.

Tous ceux qui animent La Mansarde travaillent mais vivent pour la plupart chez leurs parents. Yvan Delporte, le « sage » de l'endroit, fait dans la bande dessinée. Difficile à décrire, Yvan : à la fois un ange par la candeur du regard et la fraîcheur d'âme, un vieil apôtre par les propos qu'il ne se prive pas d'assaisonner d'un humour fou, un conteur de l'étrange et du fantastique.

Avec l'accord de tous, il me remet la clef

de La Mansarde. Je vais y dormir quelque temps. Il y a là un piano. Le soir, lorsqu'ils reviennent de leur travail, nous refaisons le monde. Ils me trouvent quelques travaux au-dehors : repeindre une boutique, un appartement. De temps en temps, toute faraude, je ramène un plein sac de « pistolets » !

Nous écoutons du jazz. À cette époque, beaucoup de futurs grands musiciens de jazz séjournent en Belgique entre Charleroi et Bruxelles. Christian Kellens y vient jouer quelquefois du trombone. Et Bobby Jaspar, Sadi, Guérin, Bolling...

Dans ma période « belge », La Mansarde reste comme une clairière, une belle saison où fleurissent des âmes joyeuses et claires.

Entre-temps, je ne cesse de bouger. Je marche. J'auto-stoppe entre Bruxelles et Charleroi. Maintenant, j'ai des amis ici et là. J'auditionne dans des petites boîtes ; je ne me souviens pas trop de ce que j'y chante. Je rencontre des autres, des différences. Cela dure deux ans et puis, à nouveau, je vais dériver ; mes amis m'ont déjà tant donné que je ne veux plus rien accepter.

Un soir, sans l'avoir prémédité, je sors de la ville. Je marche. Je prends la route du « Sud ».

Je ne me rends même pas compte que je m'en vais. Je suis vêtue d'une salopette verte, chaussée de grosses bottes lourdes ; c'est là toute ma richesse. Je n'ai plus de papiers, je les ai abandonnés dans un hôtel que je ne pouvais plus régler. Je n'ai plus rien.

Je veux rentrer en France. On m'a dit que, du côté de la frontière, il y a des « sentiers de passe » pour les clandestins. Je n'ai dit au revoir à personne. Je reviendrai, je le sais. C'est un semi-échec, mais je reviendrai. Je veux rentrer « à Vitruve » voir ma mère, mes frères, ma sœur. Juste les voir, puis repartir.

Je marche depuis plus d'une heure. J'avance sans plus regarder, je ne guette plus les voitures. J'ai mal aux pieds dans mes grosses et lourdes bottes. Il me semble qu'il fait doux, mais très gris.

Je n'ai pas entendu venir la Chrysler noire de monsieur Victor qui s'est arrêtée à ma hauteur.

– Où tu vas ?
– À Paris.
– Moi aussi. Monte, je t'emmène !

Je lui explique que je voudrais bien, mais que je n'ai pas de papiers pour passer la frontière.

Il n'est pas du genre à s'embarrasser de problèmes de papiers, monsieur Victor.

– Monte, je vais te la faire passer, moi, la frontière !

Je suis montée.

Il ne m'a rien dit. Il ne m'a posé aucune autre question. De temps à autre, il se contente de me regarder en biais.

Nous avons ainsi roulé une centaine de kilomètres. À quelques dizaines de mètres du poste de douane, il a senti que je pâlissais, monsieur Victor.

– T'inquiète pas ! m'a-t-il dit.

Il est descendu de voiture. Un douanier s'est avancé vers lui. Je ne sais pas ce qu'ils se sont dit, mais, au bout de deux minutes, il est remonté et a démarré.

– Je fais souvent la route, explique-t-il en souriant. Il faut dire que je suis trafiquant de voitures... T'as eu peur ?

– Oui.

Il me regarde à nouveau en biais.

La Chrysler file en douceur, féline. On est en France.

Qu'on se sent bien, dans la Chrysler tout en cuir noir de monsieur Victor !

Que c'est bien, le toit ouvrant sur un ciel qui s'éclaircit !

Que c'est bon, les odeurs de mai qui s'engouffrent par la vitre à demi baissée !

Je l'ai bien regardé, monsieur Victor : sous sa chemise ouverte, il était tatoué jusqu'au cou, depuis le dos des mains jusqu'en haut de ses bras brunis. Il était beau !

Je n'avais pas peur ; je me suis endormie.

Je me souviens que je me suis réveillée devant une auberge. J'ai suivi monsieur Victor. Il y avait une petite salle de restaurant avec des nappes en papier à carreaux rouges.

Le fumet, la saveur, le jaune un peu roussi des petits lardons, le moelleux de l'omelette que m'offrit monsieur Victor, ce jour-là, j'en garde encore le goût aujourd'hui.

Victor, monsieur Victor,
Vous aviez un cœur d'or...

Il est quatre heures du matin. Tout dort à Précy. Hier, vers vingt heures, il y a eu une éclipse totale de la Lune. G., qui était à Malte, a téléphoné pour m'en prévenir. J'ai oublié et je l'ai ratée ! Mais là, au cœur du ciel, ce matin, la Lune est à présent en place, bien pleine. Il fait frais.

Ma petite sœur, qui est venue quelques jours me rendre visite, dort là-haut. Depuis cinq ans, elle s'est mise à peindre, là-bas, en Israël. Elle m'a apporté des toiles. Je suis étonnée : sa peinture est devenue très ouverte. Aérienne. Avec de très jolis bleus. Oui, je suis étonnée.

Au début, à Précy, j'étais « tricoteuse-ragoûteuse-jardinière ». C'est à Précy que s'est aggravée ma « trico-crochétomanie » contractée dès 1966 dans une « belle Mercedes beige ».

Ah, ces nuits à tricoter jusqu'au matin la laine ou le coton, ou le velours-chenille, les écrus, les marron glacé, les chocolat ou les gris perlé, quand je me perdais dans les augmentations-diminutions de la côte cheval, de la côte plate, de la côte torsadée, avec des aiguilles de 2 1/2, 3, voire 8, que je terminais même parfois sans complexes avec du 12 !

Et ces points inventés : point de la hotte, point de l'abeille, point lunette, point de blé, point de lune, l'espace de quelques rangs, puis oubliés pour reprendre le modèle original avec des « transes de tricoteuse » !

Ah, comme je l'ai aimé, le tricot, comme je l'ai aimé, prise dans les pièges de ses mailles perdues-lâchées-reprises !

J'ai même envisagé un jour de faire une tournée rien que dans les petites villes où je savais que l'on vendait une certaine marque de laine…

J'en ai tricoté des longueurs d'écharpes longues comme des autoroutes, et des pull-overs en forme de chauves-souris géantes, veillant cependant toujours à ce que l'encolure « passe » sans énervement. Car ils sont quelques-uns à les avoir reçus en cadeau, avec trois mois de retard, ces pull-overs aux emmanchures ratées, une manche plus courte que l'autre ! (Je gardais le souvenir des encolures trop étroites de notre tante Jeanne, d'où l'on finissait par sortir la tête cramoisie, les cheveux en coupe hérisson, comme sortait jadis mon frère Jean de son petit pull en chevrons chinés !) Tel ce pull écru de Douguy – mon magnifique ingénieur du son –, tricoté coton bicolore, si juste aux emmanchures que ses bras n'arrivaient plus à atteindre les manettes de la console, et qui, lavé deux fois, se transforma en brassière... Très gentiment, Douguy continua de le porter vaille que vaille, j'y avais consacré tant de nuits et d'amour !

Et ce modèle inventé pour Béa en vert bouteille à bouclettes, qu'elle venait essayer pour la énième fois, espérant toujours qu'une manche retrouverait la même longueur que l'autre ! Et de rester les bras en croix, au bord de la crampe, excédée mais patiente !

Et ces kilomètres de laine enfournés dans des casiers faits exprès, par couleur, par matière : les bouclées, les astrakans, les cotons deux fils, un fil, sans fil...

Avec ma panoplie de crochets du 2 au 10, en ai-je composé, des grilles, pour refaire comme Granny m'avait enseigné quand elle crochetait devant moi des rideaux bonne-femme ornés de grands oiseaux !

En ai-je alimenté, des amis, fricoté, des ragoûts, toujours incapable de réussir deux fois la même recette, je surépiçais de poivre gris, noir, vert, de coriandre, de « hel ramazou » et de curry à vous emporter la langue, la bouche, le gosier et tout ce qui s'ensuit !

Et mon beau jardin !

La nuit j'arrosais passionnément, je regardais la terre se gorger d'eau, de cette belle eau claire qui ravivait les fleurs asphyxiées sous les chaleurs poisseuses du mois d'août.

Le cul dans la terre, je contemplais mes fleurs ; émerveillée, j'ai découvert qu'une toute petite graine pouvait donner un joli, pâle, parme-rose pois de senteur...

En ai-je planté, semé, bouturé, marcotté, tuteuré, des plantes et des fleurs !

Quelle vie, quelle belle vie à Précy !

Quand on est sortis de l'auberge, qu'on a repris la route, monsieur Victor s'est fait plus tendre, mais il est resté « classe ». Il a voulu s'arrêter ; j'ai dit non. Il a ri. J'étais bien, on roulait en silence.

C'est lui qui a parlé le premier, sans attendre mes questions. En fait, il était souteneur, monsieur Victor ; ses « filles » travaillaient à La Villette. Il proposait de s'occuper de moi… Il venait de « virer sa régulière ». Alors, si je voulais…

C'était comme au cinéma !

Je lui ai raconté ce que je voulais faire.

– Chanteuse, c'est pas un métier ! Faut des relations ! Je t'assure, moi, si tu veux…

– Je veux chanter, c'est ma vie !

Il a commencé à me regarder différemment, attentivement. En bordure de la forêt de Compiègne, des gosses vendaient des bouquets de muguet. Il a brusquement stoppé la Chrysler, est descendu puis revenu avec un énorme bouquet rond qu'il a jeté sur mes genoux. Il m'a fait « larmes aux yeux ». C'était un seigneur, Victor.

On arrivait à Paris. Je ne savais pas du tout où j'allais, je ne pouvais tout de même pas débarquer comme ça « à Vitruve ». Le soir tombait. Une émotion forte me chamboulait. Il a stoppé, Victor. C'est moi qui l'ai embrassé.

Il m'a longuement regardée. Il a sorti un papier sur lequel il a griffonné son nom, son adresse, son téléphone.

— Tu n'auras qu'à demander Victor.

Il m'a remis de l'argent, puis a ouvert la portière. Je suis descendue. Il a attendu un peu. Je n'ai pas bougé. J'ai vu la Chrysler disparaître en douceur ; je pleurais.

Je me sentais comme ivre.

Ça y était, j'étais de retour à Paris !

Plus tard, quand les choses sont allées mieux pour moi, j'ai recherché Victor pour le remercier, mais il était passé au-delà d'une frontière d'où l'on ne revient pas.

> *Vingt kilomètres avant la frontière*
> *J'avais tant marché*
> *Je n'en pouvais plus*
> *Je ne ramenais que la poussière*
> *Collant à mes bottes*
> *Aux semelles usées*
> *Qu'est-ce que ça veut dire vingt ans*
> *si tu crèves*
> *Devant un désert de portes fermées*

Qu'est-ce que ça veut dire si tu n'as pour rêve
Rien que ta folie
De vouloir chanter...

...Quand vous avez stoppé votre coupé
Chrysler
Porte de la Villette
Vous aviez un drôle d'air
Vous m'avez dit : « Chanter c'est pas
un métier
Pour faire l'artiste il faut des connaissances
Victor connaît la vie, tu peux lui faire
confiance
Laisse-moi m'occuper de toi t'auras
plus jamais faim »
Victor, monsieur Victor
J'aurais dit oui peut-être
Mais j'avais en moi
La folie de chanter
Victor, monsieur Victor
Vous aviez un cœur d'or
Pour moi ce jour-là
Sur la route du Nord...

Je ne me souviens plus très bien de ce qui s'est passé après. Je crois que je suis allée rue Marcadet où ma Granny n'était plus, mais où vivait encore une de ses filles, qui m'a hébergée.

Le lendemain, je suis allée chercher ma petite sœur à la sortie de l'école de la rue des Pyrénées, près de la porte de Vincennes. Je l'ai raccompagnée « à Vitruve », mais je n'ai pas eu la force de monter. Je suis retournée à Marcadet. J'ai commencé à chercher du travail.

Rue de la Trémoille, j'ai été reçue très simplement par cette merveille d'homme qu'était Jean Wiener. Je n'ignorais pas que c'était un pianiste doué d'un très grand talent d'invention immédiate, avec un grand humour au bout des doigts. Comme tout le monde, j'avais admiré les illustrations musicales qu'il brodait sur les films muets de Buster Keaton, Charlie Chaplin, Max Linder... De surcroît, il jouait avec Clément Doucet à l'époque du cabaret Le Bœuf sur le Toit.

Il m'a demandé de chanter et m'a accompagnée à son piano, sans partition, comme ça, « d'oreille ».

Puis nous avons longuement parlé. Il m'a dit que, de cette même façon, il avait un jour reçu Édith Piaf, venue comme moi lui demander des conseils. Il m'a affirmé qu'un jour je chanterais « pour de vrai », il en était sûr.

En attendant, devant l'urgence de ma situation, il m'a envoyée à Pierre Prévert qui allait ouvrir la Fontaine des Quatre Saisons.

Quand j'arrive à la Fontaine, les auditions sont « bouclées », le spectacle est déjà monté. Pierre Prévert, désolé, me dit qu'il ne reste plus qu'une place de plongeuse à huit francs par jour.

Une place de plongeuse à huit francs par jour ? J'ai besoin de travailler, c'est oui ! Merci.

Le lendemain, je rencontre le barman ; il me montre ma « loge », autrement dit ma « plonge », contiguë à son bar. Il m'explique que, pendant le spectacle, il fera glisser les verres par la petite lucarne pour que je les lave, puis les lui repasse par le même petit guichet. Gentil, le barman.

Je dois aussi arriver à dix-sept heures pour décharger les caisses de boissons. Moins gentil, le barman ! Mais explicite...

Ainsi fut dit, ainsi fut fait !

J'habite à Marcadet, métro Lamarck, et je suis plongeuse. Nous sommes en 1951. Le Tout-Paris se déplace à la Fontaine des Quatre Saisons pour venir voir, entendre et applaudir le *Dîner de têtes* de Jacques Prévert, avec Roger Pigaut, Mouloudji, qui fait ses débuts dans la chanson, les marionnettes de Lafaye, Boris Vian et Jacques Prévert, Francine Claudel qui chante Christiane Verger et Jacques Prévert, Louis Bessière, compositeur-pianiste, et Henri Crolla accompagnent cette magie, magiques eux-mêmes.

Durant presque une année, je lave les verres du Tout-Paris. Émerveillée, je vois défiler par la petite lucarne de ma plonge Édith Piaf, Eddie Constantine, Simone Signoret, Yves Montand, Daniel Ivernel...

Jean Wiener vient quelquefois m'offrir des frites au Petit Bougnat d'en face où mon ardoise s'allonge.

La Fontaine était vraiment un endroit extraordinaire. C'est grâce à ma place de plongeuse que je pus admirer tous les soirs un spectacle que je n'aurais jamais pu m'offrir. Mais porter des caisses et faire la plonge, c'est dur. Un jour, exténuée, malade, je pars.

Privations, épuisement... Hospitalisation.

Je me souviens de la salle commune avec ses trente-quatre lits, de la vieille Philomène, toute menue, dans sa chemise de grosse toile blanche, le cheveu raide, tout blanc, qu'elle portait défait sur ses frêles épaules comme une vieille enfant. Ancienne surveillante de salle, elle vieillissait seule à l'hôpital et courait de lit en lit, croyant encore qu'elle était de garde !

Je me souviens des malades atteints de tuberculose qui se rejoignaient à la chapelle pour de brefs et intenses échanges amoureux.

Je me souviens des odeurs et surtout des attentes interminables, de l'arrivée des visiteurs et visiteuses, souvent cramoisis, essoufflés, perdus dans leurs habits sombres qui faisaient d'autant plus ressortir le blanc des chemises de lin et les figures blêmes des malades.

Ce fut ma première hospitalisation.

Ce ne fut pas la dernière !

Un garçon de Charleroi, de passage à Paris, me cherchait. Mes amis de Belgique lui avaient parlé de moi ; il voulait me rencontrer avant de repartir.

Il est donc venu à l'hôpital ; il était artiste-peintre. Nous avons parlé de Charleroi, de nos amis communs.

Trois jours plus tard, je suis sortie de l'hôpital et repartie avec lui.

C'était le début de l'hiver 1952 ; il possédait une grosse moto et je suis arrivée toute raide, bleuie par le froid, à Bruxelles.

Jeff partageait avec d'autres peintres un très bel endroit qui s'appelait la « maison de Boondael ». Il y avait là des hommes, des femmes, tous peintres, qui travaillaient dans un immense atelier. Ils m'ont ouvert leur porte, m'ont acceptée parmi eux, et, quand je leur ai dit que je voulais chanter, m'ont proposé de faire rentrer un piano dans une des grandes pièces de la maison, en bas. Ils ont discuté de la manière dont ils pourraient gérer l'endroit afin qu'un public jeune puisse venir m'y entendre chanter. Il fut décidé que nous vendrions des jus d'orange et des sodas.

Il y avait beaucoup d'inconscience dans ma décision de vouloir chanter aussi vite, car je n'avais aucun répertoire et ne m'accompagnais pas encore au piano, ou très mal.

Il me fallait donc un pianiste. À La Jambe de Bois, café-lieu de rencontre où se retrouvaient des étudiants, officiait un pianiste qui ne s'intéressa pas du tout à ma proposition, mais promit de me trouver quelqu'un d'autre. Je lui laissai le numéro de téléphone de Boondael.

Le lendemain, Ethery Rouchadze me téléphonait. Elle me donna rendez-vous le jour même dans la chambre où elle vivait. C'était une pièce avec un tout petit lit, mais un très grand piano !

Ethery était géorgienne et cherchait du travail ; elle me raconta qu'elle était venue en

Belgique pour travailler avec Eduardo del Puyo, alors grand concertiste mondialement connu et qui enseignait à Bruxelles. Très drôle, très vive, elle ponctuait son récit de grands éclats de rire.

Et puis elle s'est mise au piano ; depuis ce jour-là, je n'ai plus jamais entendu la *Quatrième Ballade* de Chopin jouée comme ça.

Pianiste, ah quelle pianiste !

Ethery était petite et mince, mais il émanait d'elle une singulière puissance. Ses mains étaient carrées, massives mais légères. Quand elle jouait, la musique semblait descendre du haut de ses épaules jusqu'à l'extrémité de ses doigts. Les notes sourdaient de tout son corps.

Elle a accepté de m'accompagner et, dès le lendemain, elle m'a fait répéter mon maigre répertoire. J'étais très heureuse. J'allais enfin chanter !

Nous voilà donc, les peintres, Ethery et moi, dans la maison de Boondael. Le soir, un public jeune mais clairsemé vient nous entendre et nous voir en buvant un verre. Mon tour de chant, très mauvais, ne se passe pas très bien ; les étudiants me chahutent quelquefois. Nous décidons qu'il faudrait diverses attractions.

Ethery me parle alors d'un ami belge dont

elle me dit grand bien et qu'elle tient absolument à me faire rencontrer. Il est avocat stagiaire mais s'intéresse à tout ce qui concerne le spectacle. Il a, me dit-elle, un numéro de prestidigitateur et accepterait peut-être de se joindre à nous.

Franchement, lorsque je vis l'ami en question, je ne fut pas saisie d'un vertige prémonitoire. J'aurais dû, pourtant, car c'est lui que j'allais épouser un an plus tard ! Mais ceci est une autre histoire, amusante, certes, mais une autre histoire.

Mon futur mari, que j'appellerai C... pour ne le gêner en rien, non plus que sa famille, était un grand manipulateur, absolument magique. Je le trouvais très intelligent et, ma foi, séduisant.

Nous étions souvent ensemble ; j'avais l'impression qu'il passait beaucoup plus de temps avec nous qu'au palais de justice. C'est par lui que j'ai entendu parler pour la première fois des peintres Archimboldo et René Magritte, du poète surréaliste Paul Nougé. C'est avec lui que j'ai découvert, chez un ami commun, la géniale Marianne Oswald. J'ai été très frappée par Marianne Oswald : c'était d'une férocité, d'un modernisme, d'un désespoir... c'était stupéfiant, Marianne Oswald !

C'est encore avec C... qu'un peu plus tard, je découvrirai le premier 78 tours de Georges Brassens, que nous écouterons avec Ethery chez un disquaire de la porte Louise. On n'oublie pas ces choses-là !

C... venait donc souvent, le soir, faire son tour de magie à Boondael où il remportait beaucoup de succès ; mais nous n'avions pas de licence et les gendarmes de la commune nous sommèrent bien vite de mettre fin à nos activités artistiques.

Nous voici donc sans travail, Ethery et moi. C..., qui connaît bien la ville, nous propose de chercher un endroit où nous pourrions nous produire tous les trois.

En haut de la chaussée d'Ixelles, non loin de l'ancienne maison de la Malibran, devenue aujourd'hui la Maison communale d'Ixelles, il y avait alors une banale « friture » qui s'appelait Le Cheval Blanc. Tout au fond de cette « friture » malodorante et mal éclairée se trouvait une salle de bal équipée d'une petite scène sans coulisse. Mais, grand luxe, avec un rideau !

Les murs de la salle étaient superbement décorés par un jeune peintre qui s'appelait Jacques Nathan. C'était tout à fait surréaliste de trouver un pareil décor au milieu des relents de friture et de tomates farcies à la crevette !

Jo Dekmine, grand précurseur en matière de spectacle, fou de poésie, de chanson, de théâtre, avait fréquenté quelque temps avant nous cette salle dans laquelle il avait réussi à monter un des premiers spectacles « Rive gauche » de Bruxelles. Il avait baptisé cet endroit « La Poubelle » et c'est lui qui en avait confié la décoration à Jacques Nathan. Sa folle originalité, son sens artistique, ses multiples curiosités en font l'un des plus brillants jeunes directeurs de théâtre que j'aie connus en Belgique. Il avait quitté La Poubelle, où les choses ne se passaient pas très bien, pour la réinstaller sur la Grand-Place. Après avoir ainsi créé divers « endroits » dans Bruxelles, il allait ouvrir un très beau « Théâtre 140 » où il ferait venir nombre d'auteurs-compositeurs, d'humoristes et d'interprètes français. J'y chanterais moi-même à plusieurs reprises.

Mais revenons au Cheval Blanc. C... passe un accord avec les patrons ; ils vendront les boissons et nous toucherons un droit d'entrée.

Très vite, d'autres artistes se joignent à nous : un mime, un imitateur débutant qui a fait, je crois, carrière depuis lors, et un garçon doté d'une voix de basse magnifique.

Ethery s'accompagne au piano en chantant des chansons géorgiennes ; moi, je chante

L'Enseigne de la fille sans cœur, de Gillés et Vilard, *Madame Arthur*, de Paul de Kock, *Monsieur William*, de Jean-Roger Caussimon, etc.

Grâce à C... qui a beaucoup de relations, Le Cheval Blanc se remplit assez vite d'une clientèle bourgeoise et notamment d'avocats et de médecins. Après quelques mois heureux vient le temps des discussions orageuses pour de nébuleuses questions d'argent. Les patrons, voyant que les affaires prospèrent, veulent augmenter le prix des consommations ; nous ne souhaitons pas voir augmenter le ticket d'entrée. Bref, nous nous séparons.

C'est le mime Cornélis qui nous donna l'adresse d'Adrienne. Adrienne cherchait une pianiste et une chanteuse.

Dans le quartier « chaud » de la ville, du côté de la porte de Namur, il y avait des petites boîtes de nuit tout le long de la rue de la Pépinière, genre « Ici on monte » ou « Ici on ne monte pas » ; chez Adrienne, justement, on ne montait pas !

« Chez Adrienne » était un bar où les pilotes de ligne de la Sabena venaient la nuit faire escale. C'était une boîte minuscule, peut-être

l'endroit le plus exigu où j'aie jamais chanté.
Dans une étroite arrière-cuisine, Adrienne fri-
cotait quelques plats pour les clients privilé-
giés. Devant, dans le bar, on mangeait peu
mais on buvait sec. On nous avait dit
d'Adrienne qu'elle avait été le « bébé Cadum »
si dodu des affiches publicitaires de notre
enfance. Mais, franchement, à voir cette maîtresse femme diriger son établissement, on
avait du mal à croire qu'il y avait eu un jour
la candeur de Bébé Cadum dans son regard
auquel rien n'échappait.

Elle nous engagea, Ethery et moi, pour
trente francs par whisky, tout en nous expli-
quant que le client boirait naturellement du
scotch tandis que dans notre propre verre elle
verserait du thé... Les consommateurs n'y ver-
raient que du feu !

Quand l'un d'eux, un peu saoul, faisait mine
de vouloir aller plus loin, trop loin, Adrienne
lui expliquait qu'« attention, on n'est pas *le
genre* » !

Pour une bouteille de champagne, nous tou-
chions un peu plus et quand survenait un
« gros client », elle nous le désignait d'un vif
coup de menton en exigeant que nous allions
toutes deux à sa table pour écouter ses pauvres

délires d'homme seul, ce qui nous faisait souvent la tête comme une pendule !

Mais bon, je chantais et nous avions du travail.

C…, très à l'abri de ce genre de problèmes, vivait chez ses parents. Il venait rarement chez Adrienne et m'attendait dans une brasserie de la porte de Namur en écrivant tristement des poèmes sur le dessous des ronds cartonnés pour verres à bière.

Sur un petit piano droit, Ethery jouait à la carte *La Petite Folie*, grand succès du moment chanté par Tohama, aussi bien que des valses de Chopin ou la *Sonate au clair de lune* de Beethoven.

Moi, je chantais. Peu importait ce qui se passait autour de moi, je chantais !

Quand il y avait une descente de police rue de la Pépinière, les filles des boîtes voisines, qui nous aimaient bien, venaient nous prévenir, nous sachant clandestines.

Au matin, nous étions épuisées, lessivées. Ethery rentrait chez elle, rue du Commerce ; moi je rentrais tout à côté, rue Thérésiène, chez Prudence.

Prudence était une amie d'Adrienne, mais ne l'aimait pas beaucoup. Elle vivait là seule avec ses souvenirs, dans une maison dont elle avait été la tenancière et que les filles avaient désertée depuis longtemps. Elle avait accepté de me louer un chambre pour quelques sous.

On rentrait chez Prudence par une toute petite porte et on se trouvait aussitôt de plain-pied dans le bar en forme de couloir. C'était très clair-obscur, moquette rouge grenat et meubles de cuir fauve. Sur la droite, un vieux comptoir avec de très hauts tabourets habillés de velours assorti à la moquette. Sur les étagères derrière le bar, des bouteilles à demi vides où stagnaient les liqueurs couleur d'ambre ou d'anis pâle. Mais il y avait toujours une bouteille de champagne au frais, dans l'espoir d'un gros client qui ne venait jamais. Complétaient le décor un grand tableau ovale avec deux petites filles en capeline qui tenaient des fleurs et, un peu plus loin, un grand miroir « vénitien ».

Au fond du bar, très droite dans son fauteuil, se tenait Prudence.

Elle était habillée genre « grande mercerie de luxe » : jupe plissée et petit jabot de dentelle blanche, bas de coton beigeasses et souliers bottiers. La couleur de ses vêtements était toujours discrète, mais le tissu de qualité. Son nez était chaussé de fines lunettes cerclées. Le cheveu teint aile-de-corbeau, elle portait chignon et raie au milieu.

Quand cliquetait la porte d'entrée du bar, elle se levait comme un ressort et ressemblait alors à une vieille cousine de province toute sèche et toute raide avec son chignon-lunettes !

Émergeant de ses pensées alcoolisées, elle lançait d'une voix forte et très gutturale :

– Ouirrr ?

Elle était flamande, et ce « oui », je le jure, possédait au moins trois « r » !

Au petit matin, quand je revenais de chez Adrienne, je la trouvais assise dans son fauteuil, hiératique comme un bouddha. Elle m'attendait soit pour me réclamer l'argent de mon loyer qu'elle ne se souvenait plus d'avoir perçu – elle cachait les billets sous les lattes du parquet de sa chambre –, soit pour me chérir et m'encenser, me servir un café avec des cookies au beurre, me répéter que j'étais sa princesse et qu'elle pourrait « faire mon avenir » avec un vieux colonel qui passait boire un verrrre de temps en temps, l'aprrrrès-midi, et qui m'avait rrremarquée !

Elle me racontait aussi presque chaque matin comment un tout petit notaire s'était un jour suicidé à ses pieds parce qu'elle s'était refusée à lui :

– Suicidé à mes pieds, ma prrrincesse !

Et elle me donnait à imaginer la taille de son tabellion entre son pouce et son index superposés.

Selon mon degré de fatigue, je hurlais de rire ou l'insultais, avant de monter la ramener dans sa chambre tapissée de satin, style cocotte, puis d'aller m'écrouler sur mon couvre-lit à franges en satin « framboise écrasée ».

Je l'adorais, cette Prudence.

Et puis, un matin d'octobre 1953, après avoir travaillé toute la nuit chez Adrienne, je me suis mariée.

Ce fut un mariage assez « fellinien » qui se déroula à la maison de la Malibran. J'étais habillée de noir des pieds au turban. Prudence, qui me servait de témoin, avait revêtu une de ses robes de mercière.

Je me rappelle encore comment elle me suivait partout et me harcelait : « Ne te marrrrie pas », en roulant quatre « r » à la fois. « Ces gens-là ne sont pas pourrr toi... Il y a le vieux colonel qui te rrrendra heurrrreuse ! »

Je me suis mariée quand même...

Nous n'avions pas d'argent pour les

alliances, c'est l'ami et témoin de mon mari qui nous les offrit. Prudence, elle, paya le repas de noces. Chère Prudence…

Il ne me reste rien de ce matin d'octobre où je suis sortie de la maison de la Malibran, encadrée par le témoin de C… et par Prudence. À aucun moment mon mari et moi ne figurâmes ensemble sur la moindre photo !

Longtemps après, en 1964, je suis retournée dans ce quartier de la porte de Namur. Rue de la Pépinière, il ne restait que quelques bars, dont celui de la grosse Lulu. Adrienne avait ouvert un restaurant dans un autre quartier. Rue Thérésiène, ma Prudence était morte.

Elle allait revivre dans l'histoire de *Lily-Passion* quand Gérard Depardieu raconte :

> *J'ai été élevé dans un bordel déserté tenu par une femme qui s'appelait Prudence…*
>
> *Elle cachait son argent sous les lattes de son parquet : elle était tellement saoule d'absinthe, elle ne se souvenait jamais où elle avait caché son argent !*
>
> *Prudence, ma Prudence…*

À partir de 1949 s'ouvrent, de la place Saint-Michel jusqu'en haut de la Contrescarpe, des cabarets dits de la Rive gauche : La Colombe, Le Port du Salut, L'Échelle de Jacob, Les Assassins, Le Cheval d'Or, La Vieille Grille, la Galerie 55...

L'Écluse, située au 15, quai des Grands-Augustins, à côté de la Rôtisserie périgourdine et de Louisette la Basquaise, aujourd'hui disparue, va se révéler être une pépinière d'artistes, poètes, auteurs-compositeurs, interprètes, humoristes, duettistes, mimes, conteurs...

Léo Noël, Marc Chevalier, André Schlesser et Brigitte Sabouraud en sont les « directeurs-chanteurs ». Léo Noël s'accompagne à l'orgue de Barbarie. Brigitte Sabouraud compose et chante ses chansons en s'accompagnant à l'accordéon. Dans le duo « Marc et André », c'est Marc Chevalier qui accompagne à la guitare André Schlesser.

Place Saint-Michel, le café de La Boule d'Or est le quartier général de cette faune joyeuse, révoltée, anarchisante, où chacun se connaît et s'apprécie.

Tous les mercredis du mois, la direction de L'Écluse auditionne. En 1954, je suis engagée pour huit jours ; aucun souvenir.

À la demande d'Angèle Guller, codirectrice à Bruxelles de *La Revue des disques* et productrice d'une émission radiophonique très importante, *La Vitrine aux chansons*, je repars pour Bruxelles afin d'y préparer un programme de vingt chansons. Beau programme, beaux auteurs, mais risqué pour une débutante !...

Courageuse Angèle Guller qui m'a aidée et soutenue à une époque où personne ne me connaissait. Toute sa vie elle a accompli un travail considérable pour la chanson et les interprètes. Elle me proposera bien d'autres rencontres, bien d'autres émissions.

En novembre 1955, nouveau passage à Bruxelles. Jo Dekmine m'engage dans sa Tour de Babel, réouverte sur la Grand-Place. J'y chante dans le programme des Frères ennemis.

Puis retour à Paris. Quelques très modestes

engagements jusqu'en 1956, dont un à La Rose Rouge, déjà sur le déclin. L'Écluse me réengage alors pour une quinzaine de jours.

En 1957, engagement Chez Moineau, rue Guénégaud. Un malin, monsieur Moineau, drôle, chaleureux, bon gestionnaire de son « cabaret-bistrot », la main toujours posée sur le tiroir-caisse ! En vain je plaiderai pour que le service du couscous cuisiné par madame Moineau s'interrompe durant le spectacle...

Les Moineau logent au-dessus de leur cabaret-bistrot et me louent pour quelque temps une chambre lambrissée. Monsieur Moineau vient quelquefois, le matin, frapper à ma porte pour que nous « belotions » ensemble.

Chez Moineau, le public est essentiellement composé de peintres, de photographes, d'initiés. J'y croise le grand Robert Doisneau qui, pour me faire gagner quelques sous, me fait poser pour une couverture de roman policier. Quand je dis « poser », c'est d'ailleurs un peu prétentieux : en fait, sur la couverture, il n'y a que ma main gauche !

Un beau peintre partant pour le Mexique me laisse son appartement rue de Seine, sous les toits. Je m'installe avec délices dans ce cadre splendide. Je loue un piano noir.

Le soir, lorsque je pars chanter, je laisse allumée une lampe de chevet en osier pour rendre plus chaleureux mes retours en pleine nuit...

Court-circuit.

Incendie.

Tout se consume. Les braises incandescentes s'arrêtent juste aux pieds du piano.

Pompiers. Eau. Cendres. Plus de lit.

Je vais loger en face, à l'Hôtel de Seine où je vis dans l'angoisse du retour du bel inconscient. Mais, à son retour, le propriétaire de l'appartement ne me tient rigueur de rien. Il ne me demandera jamais ni les causes de l'incendie, ni même le moindre dédommagement.

Belle âme ! Merci, monsieur...

De Saint-Michel à la Contrescarpe, les cabarets se multiplient et foisonnent d'artistes, auteurs-compositeurs pour la plupart. Tous ces lieux ont servi de tremplins à beaucoup d'artistes qui ont eux-mêmes contribué à asseoir ou rehausser leur réputation.

À la Contrescarpe, au Cheval d'Or dirigé par Léon Tchnerniak, Anne Sylvestre a déjà écrit *Les Cathédrales*. Suc et Serre, animateurs du lieu, s'accompagnent en chantant leurs propres chansons, Ricet-Barrier y débute. Suc se suicide. Serre tournera quelque temps plus tard dans *Jules et Jim* aux côtés de Jeanne Moreau.

Guy Béart, Pierre Perret, Pauline Julien et Jean Ferrat passent à La Colombe.

En janvier 1958, réengagement à L'Écluse renouvelé de mois en mois, puis d'année en année, pendant six ans !

Six années durant lesquelles je vais pratiquement croiser tous les futurs grands du métier.

J'entends pour la première fois Giani Esposito chanter *Le Clown* − le clown s'envolera trop tôt −, Stéphane Golmann, auteur-compositeur-interprète d'*Actualités*, que chantera plus tard Montand.

Jacques Dufilho et Jacques Fabbri apportent à L'Écluse un numéro surréaliste fondé sur le langage de l'absurde ou l'absurdité du langage.

Apparaît Bip, le personnage du mime Marcel Marceau.

Puis Monique Tarbès, Henri Garcin, Romain Bouteille qui vont créer *L'Échappée belle*.

Jean-Roger Caussimon, très grand auteur de chansons qui écrira notamment pour Léo Ferré, y fait son tour de chant.

Bernard Haller arrive de Suisse et fait un numéro muet avec un ballon surnommé Éléonore.

Dick Annegarn, Viking dégingandé, chante *La Mouche*.

Gribouille, sur laquelle on fonde beaucoup d'espoirs, vient d'écrire *Matthias*. Elle brûle sa vie et disparaît trop tôt.

Arrivée d'Alex Métayer, incisif observateur du quotidien, puis de comédiens qui vont se produire en duos : Raymond Devos et Pierre Verbecke, Micha Bayard et Nany Rameau, Serge Sauvion et Pierre Vanneck, les Frères ennemis, Dupon et Pondu, Avron et Évrard ; plus tard, Pierre Richard et Victor Lanoux, Philippe Noiret et Jean-Pierre Darras.

Ah, les merveilles ! Les joyeux compagnons d'un séjour enrichissant, coloré, face à la Seine qui coule devant L'Écluse où l'on s'attend, se parle, projette, où l'on décrie les « bourges » de l'autre côté du fleuve, ceux de la Rive droite !

Ah les belles nuits, les beaux dîners, les paellas à La Tour de Nesle, ou, pour les plus argentés, au restaurant de L'Échaudé fréquenté par des comédiens déjà chevronnés : Hubert Deschamps, Jean Rochefort, Jean-Marie Amato, Bernard Noël...

On parle haut et fort, le discours est à la fois tendre et immodeste. On se sent « artiste », à part, en marge.

Et puis voilà Pia Colombo, Maurice Fanon, Christine Sèvres, Colette Magny-*Melocoton* avec sa voix de chanteuse de blues, et Brigitte Fontaine qui a déjà quelques longueurs d'avance sur son époque.

À les évoquer tous, je les entends et les revois, les aime comme avant. Je ne cite pas leur arrivée par ordre chronologique, mais comme ils surgissent de ma mémoire, au bout de ma plume.

Francesca Solleville, chanteuse engagée, avec sa belle grande voix chaude sur une blondeur de blés, et Monique Morelli drapée dans son écharpe rouge, qui chante Aragon.

Bon sang, quelles affiches !

Raymond Lévesque débarque du Canada, halluciné et hallucinant, avec ses chansons pour lesquelles il s'accompagne au « youcoulélé » ; il est magnifique. Malheureusement, il plonge déjà dans l'alcool qui va le tuer. Il me confie sa chanson *Ah les voyages !* Un soir, il m'offre un large bracelet d'argent serti d'améthystes, bijou de reine que je porterai très longtemps. C'est lui qui a écrit *Quand les hommes vivront d'amour.*

Denise Benoît chante *Madame Arthur*, Lucette Raillat *La Môme aux boutons*, et Caroline Cler « acidulise » !

Pour la première fois j'entends l'immense Agnès Capri et la talentueuse Cora Vaucaire.

Plus tard, Serge Lama interprète ses premières très belles chansons.

Je les ai tous écoutés, chaque soir, depuis la minuscule loge où j'attendais mon tour, dès vingt et une heures trente, assise sur un petit bout de banc duquel je ne bougeais pratiquement plus, couvant ma peur jusqu'à l'heure d'entrer en scène. On m'aurait découpée en morceaux plutôt que de me faire bouger de cette place ; cela faisait rire la merveilleuse compagnie du marionnettiste Yves Joly qui couchait avec amour ses parapluies et autres accessoires sur une planche juste au-dessus de ma tête. Il faut dire qu'à plus de quatre personnes dans les coulisses, il y avait foule ! Il y avait en outre un évier, une glace, une tringle pour les habits d'artistes, et un rudimentaire mais efficace « tableau lumière » de quatre projecteurs.

Le public de L'Écluse était composé d'étudiants, d'écrivains, d'amoureux de la poésie et de la chanson, de danseurs, de comédiens ; les hommes politiques y venaient aussi, on y vit même un futur chef d'État.

J'ai d'abord commencé le spectacle et suis peu à peu devenue la « vedette » de L'Écluse.

C'était un couloir au bout duquel un petit podium surélevé tenait lieu de scène. Calé contre un mur, les notes basses du côté du public, un piano droit marron. Toujours handicapée depuis l'opération de ma main droite, je chantais en me plaçant en scène définitivement du côté gauche ; le piano de L'Écluse était donc miraculeusement bien situé pour moi. Cette disposition du piano m'obligeait cependant à chanter de profil, petit inconvénient scénique qui allait néanmoins me permettre une plus grande mobilité.

Dans mon répertoire, je chante Brel, Brassens mais aussi Fragson, Paul Marinier, Xanrof, Léo Ferré, Francis Blanche et Pierre Mac Orlan. André Schlesser m'écrit un très beau texte, *Souvenance*. Je débute mon tour de chant avec *Chapeau bas* dont je suis l'auteur.

En avril 1958, Henri Magnan, journaliste à *Combat* et au *Canard enchaîné*, fait paraître sur moi un très bel article qui attire un public curieux. Dans *le Canard* paraît aussi une cari-

cature de Pol Ferjac. Puis c'est Maurice Cian-
tar qui écrit dans *Combat*.

Je chante vêtue d'une jupe noire et d'un
pull-over ; un peu plus tard, une petite
« concierge-couturière », habile sur sa vieille
Singer, confectionnera à ma demande une
veste en velours noir côtelé avec un col assez
haut, dégageant le cou. Ce premier costume
décidera de tous les autres.

Le noir est une couleur fantastique qui, à la
fois, estompe les formes et met en valeur le
corps. Moi, je pensais d'abord que ça n'était
pas important qu'on voie mon corps. Puis j'ai
appris à m'en servir. Bien que myope, je peux
me déplacer en scène – mais rien qu'en scène
– avec une très grande rapidité, les yeux
fermés. J'ai également appris à essayer de
vaincre ma peur, lorsque j'entrais en scène, en
m'obligeant à me déplacer très lentement au
moment où j'accostais le piano. J'ai appris à
canaliser mon élan vital, et, durant les dernières années où j'ai chanté, je poussais, avant
d'entrer en scène, un violent cri guttural qui
libérait toute mon énergie. Ce qui, souvent, a
pu apparaître à certains comme une sophisti-
cation a été pour moi un apprentissage de
chaque soir, afin de donner chaque fois davantage tout en allant vers plus de dépouillement.

Je n'ai jamais répété aucun geste, je ne me suis jamais exercée devant une glace, je n'ai jamais travaillé avec un metteur en scène, sauf dans *Lily-Passion* ; je n'ai obéi qu'à mes propres lois, apprenant sur le tas grâce à ce flux vivant que m'a toujours renvoyé le public – un public qui a été pour moi un accoucheur. Je n'ai fait en somme qu'essayer de retourner une part des beautés contenues dans cet amour immense qui me fut donné.

Après la veste confectionnée par la concierge voisine de L'Écluse dans un velours côtelé appartenant à son mari, après, beaucoup plus tard, j'ai rencontré Cardin. Il m'a fait une jupe magnifique, très longue, avec une queue. Mais, à l'époque, je ne bougeais pas encore beaucoup. J'étais plutôt amarrée à mon piano. Et puis mon corps s'est mis à chanter, des cordes vocales aux orteils. J'ai eu besoin de marcher, besoin d'une liberté de mouvements, non plus seulement assise à mon piano, mais debout.

On ne sait pas d'où viennent les mots ; quand tu chantes, ils se mâchent, s'allongent, se distordent, se consument, déboulent de ta gorge à tes lèvres, redescendent dans ton corps, dans le pli de ta taille, dans ta hanche ; ils t'obligent à tendre la jambe, à plier l'épaule, à courber l'échine, à redresser les reins le long desquels ils se faufilent jusqu'à redescendre jusqu'aux extrémités où ils irradient parfois comme une douleur ou un plaisir intenses.

Dans ce besoin de liberté, ma jupe entravée constituait une gêne. J'ai donc adopté le pantalon (Mine Vergès), j'ai émancipé mes jambes qui, jusque-là, me portaient de façon zigzagante, et, tout à coup, les mots se sont mis à circuler par ma bouche, par mes veines, par mes muscles, et tout mon corps a pu chanter de la racine des cheveux jusqu'au bout des doigts, et j'ai pu projeter mes émotions au rythme de mon souffle.

En raison de problèmes musculaires qui m'obligeaient à certaines positions, le cul assis bien droit sur des cubes mobiles que j'avais fait fabriquer, qui me permettaient de me tenir jambes écartées et de porter en scène un corset destiné à soulager mes souffrances, je ne me sentais au bout du compte vraiment bien qu'en pantalon. C'était ce qu'il me fallait pour être bien, pour bouger à l'aise, donc pour mieux chanter.

Tout s'est installé comme ça, et c'est devenu mon univers.

Contrairement à ce qu'il peut paraître et à ce qu'on a souvent dit, il est plus difficile de chanter dans une petite salle que dans une grande. À L'Écluse, la porte ouvrait sur le quai bruyant ; on plaçait le public en cours de spectacle ; les spectateurs assis tout près de nous, « sous le piano », n'imaginaient pas que même un murmure peut devenir un « vacarme » lorsqu'on chante sans micro et, qui plus est, dans la fumée. Tout cela, si ce fut une bonne école, rendait néanmoins parfois les prestations difficiles.

André Schlesser, « le Gitan », décréta un jour que, par respect pour les artistes, le public ne serait plus admis à entrer pendant que l'un d'eux se produirait. Le public suivit en grognant un peu, mais, discipliné, il comprit et accepta vite. C'était bien.

En mars 1958, Pierre Hiegel, alors directeur artistique chez Pathé-Marconi, vient m'écouter et me fait enregistrer mon premier disque en France. (J'en avais déjà fait un très mauvais en Belgique, dont je n'ai guère gardé de souvenirs.)

Comme, à L'Écluse, je rentrais en scène tous les soirs à minuit, ce disque allait s'appeler *La Chanteuse de minuit*. C'est un 45 tours qui comprend quatre titres : *L'Homme en habit* − paroles de P. Delanoé et

D. Modugno, musique de M. Treppiedi et D. Modugno, créé par Colette Renard, *La Joconde* de Paul Braffort, *J'ai troqué* et *J'ai tué l'amour,* écrit en collaboration avec Jean Poissonnier, homme généreux, talentueux et berrichon de souche !

Je n'ai connu à L'Écluse que des pianistes femmes, dont France Olivia et Darzee, qui fut la première à m'accompagner sur une chanson de Georges Moustaki, *De Shanghai à Bangkok*, que je chantais debout.

Il y eut une autre pianiste, au visage d'ange, qui s'appelait Liliane Benelli. C'est elle qui a composé la musique de *Ce matin-là* et de *Ni belle, ni bonne*. Elle est morte dans un accident de voiture auquel Serge Lama réchappa par miracle. C'est pour Liliane que j'ai écrit *Une petite cantate*.

Comme tous les interprètes de l'époque, je recherche des chansons d'humour, d'amour, des couplets satiriques. J'ai déjà enregistré *Les Amis de monsieur*, de Fragson, *Maîtresse d'acteur*, de Xanrof, *D'elle à lui*, de Paul Marinier ; Marcel Cuvelier a consenti à me laisser interpréter *Veuve de guerre*.

En 1959, je chante *Les Boutons dorés*, de Maurice Vidalin et Jacques Datin, chanson si fortement créée par Jean-Jacques Debout. Jean

Poissonnier m'a écrit le texte de *La Belle Amour*.

Sur le même disque figurent aussi *Les Voyages* de Raymond Lévesque et *Souris pas, Tony*, de Janete Pico et Christiane Verger.

La sortie a lieu en avril 1959 chez Pathé-Marconi. J'en vendrai... quatre !

Michel Glotz, alors directeur de la firme, me demande, chiffre à l'appui, de quitter quelque peu mon piano pour orchestrer davantage mes chansons. Ce sera non !

— Savez-vous combien vous avez vendu de disques ?

— Non.

— Quatre.

— Ce n'est pas beaucoup.

Je suis certes fâchée avec les chiffres, mais je suis bien obligée de reconnaître que c'est peu.

— Savez-vous combien vend Tino Rossi ?

— Non, pourquoi ?

Michel Glotz essaie de me convaincre d'infléchir mon comportement, d'obéir tant soit peu aux lois de la promotion. Ce sera non, non, non.

Il me fera néanmoins encore confiance pour le disque suivant, *Barbara à L'Écluse*, sur lequel j'enregistrerai entre autres *Un monsieur me suit dans la rue*, de Jean-Paul Le Chanois et J. Besse, et *Tais-toi Marseille*, de Jacques Vidalin et Jacques Datin, créée par Colette Renard.

Un soir de ce mois d'avril, à la fin de mon tour de chant, Léo Noël vient me dire, tout excité, que Denise Glaser, alors productrice de l'émission de télévision *Discorama*, demande à me parler.

Denise Glaser ! Ah, Denise Glaser... Le corps de Betty Boop avec un décolleté vertigineux, une robe de crêpe blanc très moulante à très grands ramages, un visage de presque-madone et une voix grave, presque privée d'intonations, languide, comme une seule et même note tirée par l'archet à la contrebasse. Toute pareille à son image sur le petit écran, la Glaser !

Pour cette rencontre qui sera suivie de beaucoup d'autres et d'une belle et grande relation, Denise Glaser me donne rendez-vous chez elle, rue du Pot-de-Fer. Elle souhaite enregistrer *Les Boutons dorés*.

Elle est passionnément à l'écoute. Elle écoute, elle écoute, elle écoute, et le silence qu'elle laisse entre la réponse de son interlocuteur et la question suivante rend cette réponse à la fois plus dense, plus incisive, plus claire.

Son talent de « questionneuse », d'« écouteuse », la beauté des images en noir et blanc éclairées par André Diot, à qui je demanderai de venir en 1986 éclairer le spectacle de *Lily-Passion*, les superbes réalisations dues à son propre goût et au choix de ses réalisateurs comme Jean Kerchbron et, plus tard, Philippe Ducrest et surtout Raoul Sangla, ont fait d'elle et de ses émissions un rendez-vous irremplaçable à la télévision. Il n'est que d'en revoir aujourd'hui des enregistrements pour en mesurer la qualité et le modernisme – et les regretter du même coup.

Ce *Discorama* n'est pas tout à fait mon premier passage à la télévision – en janvier 1959, j'avais enregistré *J'ai troqué* dans l'émission *Au Cabaret ce soir,* de Micheline Sandrel et Colette Mars – mais ce sera le premier à compter pour moi.

Fin 1959, je rentre « à Vitruve » auprès de ma mère et de mon petit frère Claude qui a maintenant dix-sept ans. Mon frère Jean et ma sœur Régine n'habitent plus là ; ils se sont mariés.

À cette époque, je me suis sentie très proche

de mon frère cadet ; notre sensibilité, nos goûts étaient semblables. Je l'adorais vraiment.

Un âge heureux commence « à Vitruve ». Je suis près de ma mère. Je chante sur une scène. À L'Écluse. J'ai vingt-neuf ans. J'avance.

« À Vitruve », je deviens vite chef de famille. Je souhaite instamment que ma mère cesse de travailler, car je la sais très fatiguée.

Je prends un piano noir en location-vente, ce qui revient à dire qu'au bout d'un certain temps, il m'appartiendra.

Un piano à moi !

Il m'appartiendra, en effet, ce premier piano crapaud noir Pleyel. Il me suivra même d'appartement en appartement ; il est toujours là, aujourd'hui, à Précy.

Ce lundi 21 décembre 1959, je suis seule dans l'appartement. Le jour glisse. Je vais bien. Soudain, la sonnerie du téléphone vibre et déchire le silence.

La voix est inconnue, mal assurée :

– Votre père... Il a eu un accident... Il se trouve à l'hôpital Saint-Jacques, à Nantes, et vous réclame.

Je reste silencieuse.

La voix s'est tue.

Je reste avec le téléphone dans la main, stupide ; je raccroche...

Mon père, parti voici dix ans, jamais réapparu, jamais de nouvelles... qui m'appelle ?

Comme une somnambule, je demande l'hôpital, à Nantes. Les urgences, la chirurgie, les accidentés...

— Qui, quoi ? quel nom ? Je vais voir. Non... à quelle date ?

— Je n'en sais rien.

— Non, personne. Je regrette.

Un déclic, on a raccroché.

Je reste là sans voir, sans penser. Puis, brusquement, je redécroche, redemande l'hôpital.

La même voix :

— Je vous passe la morgue.

Un siècle encore... Une douleur brûlante glisse dans mes reins.

— Oui, dit une autre voix, vous êtes sa fille ? Nous avons recherché la famille, sans résultat. Votre père est mort il y a quarante-huit heures. Je vous passe la réception.

Je ne saurai jamais comment j'ai obtenu que son corps ne parte pas à la dissection.

Quand je reprends conscience, tout est sombre ; le téléphone pend, inerte. Je vais jusqu'à la lumière. Mes gestes sont lents, précis, pesants. J'enfile un manteau, prends mon sac, griffonne un mot à l'intention de ma mère :

Mon père est mort à Nantes, je pars.

Je prends un taxi et file à la gare.
Je grimpe dans un train pour Nantes.

Nantes, il pleut, un taxi me conduit à l'hôpital. Devant ses portes, la même douleur me cloue sur place.

Je reste longtemps appuyée là, avant qu'on ne me demande si j'ai besoin de quelque chose.

À la réception, j'entends ma propre voix, grise et coupante comme un fil d'acier. La réponse est douce, presque suave :

– On va vous conduire chambre C.

Une musique dont la mélodie ne me reviendra en mémoire que beaucoup plus tard m'accompagne.

Une petite musique triste, jusqu'à la porte C.

La porte C grandit, se déforme. Le « C » danse, se balance, gigantesque.

Je frappe. C'est une religieuse qui m'ouvre :

– Vous venez bien tard.

– Je ne savais pas.

– Jusqu'à la dernière minute, il est resté

lucide. Il a voulu qu'on ne prévienne personne, nous n'avons rien pu lui faire dire. Voyez sœur Jeanne, c'est elle qui l'a assisté dans ses derniers moments... C'est ici.

La porte s'ouvre sur une pièce minuscule. Il est allongé sur le lit, le visage découvert, comme s'il dormait.

Je regarde mon père que je n'ai pas revu depuis dix ans.

Son visage est amaigri, vieilli, son teint cireux.

Je me tourne vers la sœur qui hoche la tête. Je m'avance et pose la main sur cette peau sans vie. Je prononce des mots hachés, sans suite. Je sens qu'on me tire, qu'on m'arrache, qu'on me parle. Je me retrouve assise ; je tiens une tasse brûlante, je bois.

— Ça va mieux ? s'enquiert la sœur. Ce qu'il y a de plus dur, c'est la séparation.

— Personne ne venait le voir ?

. — Si, sœur Jeanne vous dira.

Sœur Jeanne ne dit rien ; elle a promis de garder le secret de cet homme dont elle parle avec respect.

Je me souviens brusquement que mon père aimait beaucoup les petites sœurs des pauvres et qu'il se montrait jadis très généreux envers elles.

Je souris à sœur Jeanne :

— Je comprends, ma sœur, je vous remercie.

— Je vais vous donner l'adresse de monsieur Paul qui était son ami et qui fut présent jusqu'à la fin.

— Avant, je voudrais savoir, pour l'enterrement...

À nouveau le couloir, l'escalier, un tout petit bureau. Une vieille dame à lunettes.

Je me nomme. La vieille dame à lunettes me sort un catalogue rempli de cercueils joliment présentés. Un pointillé conduit au prix.

— Vous avez choisi ? demande la vieille dame à lunettes.

— Le moins cher...

— Mais le bois n'est pas très bon. À la moindre occasion, il prendra l'eau !

— Je ne dispose que d'une somme très modique, dis-je d'un ton sec.

La vieille dame à lunettes quitte son air de vieille dame compatissante et devient une espèce de représentante en cercueils ; elle bonimente sur la qualité, la solidité, les intempéries, etc.

Je me tais, le visage dur, fermé.

La vieille dame lorgne mon sac, mes mains, le bracelet d'argent qui enchaîne mon poignet.

Elle soupire, réprobatrice, parle un peu de Dieu, puis se fait une raison.

L'enterrement est prévu pour le lendemain, huit heures.

– Le convoi partira de la morgue pour se diriger vers la chapelle.

– Vers la chapelle ? Mais mon père... Bien, je serai là.

Je n'ai pas sur moi l'argent nécessaire. La vieille dame me fait crédit jusqu'au lendemain.

À la réception, on refuse de me rendre le seul objet déposé par mon père : une grosse montre que je ne connais pas ; il faut un certificat d'hérédité.

– Bien, dis-je.

La montre y est peut-être encore...

Un taxi m'a conduite à l'adresse donnée par sœur Jeanne. C'est un café, au coin d'une rue.

J'entre ; quatre hommes jouent aux cartes ; l'un d'eux s'avance vers moi, me prend doucement la main :

– Vous êtes la fille de Monseigneur ?

– ...

– Nous aimions beaucoup votre père.

Un homme à lunettes, monsieur Paul, s'approche à son tour, un peu agressif.

Longtemps ils me parlent d'un homme extraordinaire dont ils ne savent rien, sinon qu'il avait été rejeté par sa famille, qu'il avait eu quatre enfants qu'il aimait, une fille, surtout, qui chantait.

De quoi vivait-il ? Où habitait-il ?

Parfois il dormait dehors, mais il réapparaissait au matin, impeccable, pour entamer d'interminables parties de poker.

Gai, généreux, gueulard, il ne croyait en rien, n'espérait plus rien.

– Jamais une plainte, confirme monsieur Paul.

Pourtant, une fois qu'il avait un peu trop bu : « Je suis allé trop loin, c'est fini pour moi », aurait-il dit à monsieur Paul qui proposait de l'aider.

Monsieur Paul raconte ; j'écoute, bouleversée, la vie de cet homme que je n'ai pas connu et dont je retrouve pourtant des traits de caractère.

Je m'en veux d'être arrivée trop tard. J'oublie tout le mal qu'il m'a fait, et mon plus grand désespoir sera de ne pas avoir pu dire à ce père que j'ai tant détesté : « Je te pardonne, tu peux dormir tranquille. Je m'en suis sortie, puisque je chante ! »

Peut-être a-t-il longtemps et partout traîné le souvenir et le remords de son crime ?

J'apprends que les appels mystérieux reçus à la maison, quand on raccrochait chaque fois sans rien dire, c'était lui.

La musique revient dans ma tête.

Monsieur Paul dépose devant moi un vieux portefeuille, une paire de lunettes dont les verres sont rayés.

— Si j'avais su..., dit-il, oui, si j'avais su que vous étiez comme ça, je vous aurais quand même appelée, mon petit.

Je l'insulte, lui crie que c'est nous qui avons été abandonnés, que ma mère a vécu un calvaire, que moi-même...

— Je comprends..., dit monsieur Paul qui ne peut pas comprendre mais qui a été si formidable.

— Pardonnez-moi. Vous avez bien fait de respecter ses volontés. Je vous remercie. De quoi est-il mort ?

— Un soir que la partie s'était prolongée tard, il a été pris, au moment de partir, d'une très violente douleur dans les reins.

J'apprends que, ne sachant pas où il allait dormir, il coucha, ce soir-là, chez monsieur Paul. Au matin, il refusa de voir un médecin, mais, la douleur persistant, il finit par accepter d'être transporté à l'hôpital. Comme on lui demandait où il fallait quérir ses affaires, il répondit en rigolant qu'il ne possédait que ce qu'il avait sur lui. Il mourut trois semaines plus tard, d'une tumeur cérébro-spinale, refusant même la morphine qui aurait adouci sa fin.

Merci, monsieur Paul !

Retour à Paris pour trouver l'argent nécessaire à l'enterrement. C'est Pablo, directeur du cabaret L'Amiral, que je connais pourtant assez mal, qui accepte de me le prêter.

Merci, Pablo.

Je file « à Vitruve » et croise Claude qui a appris la mort de son père et veut venir avec moi à Nantes.

J'hésite. Il insiste. Nous repartons ensemble.

À Nantes, il pleut tout le ciel.

Dans le cimetière, nous marchons tous deux épaule contre épaule. Une femme sanglote, elle me parle en s'accrochant à mon bras. Qui sont ces quelques hommes étranges ? Des joueurs de poker ?

Dans la boue du cimetière, je perds mes souliers, je ne sais pas trop comment. On enterre mon père à la fosse commune. Il n'y a pas de fleurs.

Nous rentrons à Paris, mon frère et moi.

Tout au long du retour, je palpe au fond de ma poche les lunettes d'écaille, pauvre héritage auquel je m'accroche comme à la chaleur d'une main.

Il pleut sur Nantes
Donne-moi la main
Le ciel de Nantes
Rend mon cœur chagrin
Un matin comme celui-là
Il y a bien longtemps déjà
La ville avait ce teint blafard
Lorque je sortis de la gare
Nantes m'était alors inconnue
Je n'y étais jamais venue
Il avait fallu ce message
Pour que je fasse le voyage...

Gare Montparnasse, mon petit frère Claude, bouleversé, refuse de rentrer « à Vitruve ».

Je m'y rends lentement, seule, éperdue.

Je vais me retrouver devant ma mère.

Je voudrais l'épargner, dire les choses le plus doucement possible.

J'entre, ma mère est allongée sur le petit divan, les traits tirés, inquiète.

— L'enterrement... C'était l'enterrement...

Je tombe.

Je raconte sans tout dire, sachant que l'apparente indifférence de ma mère masque un vrai chagrin. Mais je ne peux réprimer par moments mon agressivité, malheureuse de ne pas être aidée, comprise, et, tout à coup, je vouvoie ma mère ; je lui parle comme à une étrangère, peut-être pour pouvoir raconter avec plus de distance. Elle ne comprend pas très bien ce qui se passe ; aucune d'entre nous deux ne relèvera ce tournant, mais nos rapports seront à jamais changés sans que je puisse préciser clairement ces modifications.

Je deviendrai sévère à l'égard de ma mère que j'ai toujours adorée, même si j'ai eu tant de mal à l'aimer. De son côté, elle manifestera envers moi, qu'elle dit indomptable, les premiers et timides élans d'une maman qui vient de découvrir son enfant. Elle deviendra elle-même mon enfant chérie que j'assumerai, protégerai toujours et du mieux que je pourrai.

Dès le lendemain de l'enterrement, je reprends mon tour de chant à L'Écluse où je « somnambulise » durant un certain temps.

Nous sommes le 28 décembre 1959. De la chanson *Nantes* je n'ai encore écrit et composé la mélodie que des quatre premières phrases.

Il s'écoulera plusieurs années avant que je ne retouche et reprenne cette chanson, en 1963, la veille de mon passage aux *Mardis de la Chanson*, au Théâtre des Capucines.

En février 1960, Georges Van Parys, G. Manoir et Albert Willemetz désirent monter au Petit-Théâtre de Paris une pseudo-comédie musicale qui s'appellera *Le Jeu des dames*, à laquelle Van Parys me demande de participer. Léo Noël me conseille d'accepter à condition que je ne quitte pas L'Écluse. Les heures de passage concordent : je serai de retour à L'Écluse tous les soirs pour y chanter à minuit. Je double !

Le soir de la générale, le 25 novembre, le Petit-Théâtre de Paris est rebaptisé pour l'occasion le « Théâtre Moderne ».

Je n'ai pas gardé grand souvenir de cette « œuvre », si ce n'est que Georges Van Parys était un être exquis, que j'ai beaucoup ri avec Odile Mallet qui jouait alors dans la pièce, et que j'étais assez ridicule, habillée en page avec des colombes blanches juchées sur l'épaule, ou en travesti, couchée avec une pauvre jeunette, et, pour le finale, costumée en gitane avec une ample jupe à fleurs ; vous voyez ça d'ici !

Un autre joli souvenir de mon passage au Théâtre Moderne, c'est ma rencontre avec Elvire Popesco, alors directrice du Théâtre de Paris où elle se produit. Elle me convoque un soir dans sa loge que je rejoins en passant par les couloirs reliant les deux théâtres. Dans son déshabillé de satin vieux rose, elle est éblouissante.

— Chérrrie, monsieur Willemetz se plaint de vos insoulences !

— Madame...

Je ne finis pas ma phrase.

— Non, non, chérrrie, ne me rrréponds pas, mais je te le demande, tou dois être miou avec monsieur Willemetz !

Je promets de m'améliorer.

Elle m'embrasse très fort en riant et me chasse de sa loge. Je suis éblouie.

Mes efforts n'ont pas eu à se prolonger bien longtemps, car, peu après, la pièce s'est arrêtée.

C'est juste avant le soir de la dernière que je reçois le Grand Prix de l'Académie Charles-Cros pour mon interprétation de *Barbara chante Brassens*, disque diffusé par Odéon où je resterai sous contrat pendant deux ans, avant que cette firme ne soit rachetée par CBS.

« À Vitruve », on est très fier. À L'Écluse aussi, et je ne suis pas mécontente de moi lorsque je reprends ma place sur le bout du bout du banc, sous les parapluies de la compagnie d'Yves Joly !

C'est à cette époque que je rencontre un jeune homme « aristocratiquement beau » ; nous allons cheminer des années sans nous voir, mais toujours attentifs l'un à l'autre. Ce pâle adolescent au visage angélique, c'est Jacques Higelin ; c'est un fou de chansons qui connaît par cœur tout Trénet.

Et puis, un soir, je tombe amoureuse, folle éperdue, complètement « décagniassée », le cœur et la tête à l'envers, amoureuse, enfin, d'un ami du « Gitan » – alias André Schlesser, l'âme de L'Écluse –, un ami venu lui rendre visite après quelques années de silence.

Comme rien n'est simple, cet homme-là vit à Abidjan, en Afrique. Poste important, homme important.

Une première fois, je vais chanter à Abidjan. Puis je repars.

H... me promet de venir me rejoindre très vite, mais il tarde, il tarde, il tarde...

Fin 1960, j'enregistre des chansons de Jacques Brel.

En 1961, Félix Marten, venu m'entendre à L'Écluse, me demande d'être la vedette anglaise de son spectacle de Bobino, à partir du 9 février.

Bizarrement, je n'ai aucun souvenir de ce passage à Bobino, alors qu'il était très certainement important pour moi, puisque je franchissais la Seine pour la première fois. Je me souviens, pourtant, que j'emporte déjà mon tabouret de piano ; je le règle à une certaine hauteur, très précisément à 61 centimètres, ayant besoin pour chanter de me tenir très haute face au clavier. Toujours l'image si explicite de la « petite balle de ping-pong » que m'avait enseignée au Vésinet la chère Mme Dusséqué. Les banquettes de piano ne se réglant jamais à 61 centimètres de hauteur, mon tabouret de piano sera le premier objet utilitaire et « nomade » que, dorénavant, j'emporterai toujours avec moi.

Pour ce premier programme de Bobino, je chante *La Marche nuptiale* de Brassens, *Les Flamandes* de Brel, *Veuve de guerre* de Cuvelier, et *Chapeau bas* dont je suis l'auteur !

Pour chanter *Liberté* d'Aznavour, j'ai envie d'être accompagnée par des tumbas. Je n'ai malheureusement pas les moyens de m'offrir des percussions et je décide de m'accompagner moi-même en frappant le couvercle du piano avec mes mains. Je pense que Charles Aznavour n'a jamais beaucoup aimé cette version quelque peu... dépouillée ! Franchement, moi, ça m'a plu et si c'était à refaire, c'est comme ça que je la rechanterais. Mais, cette fois, je demanderais à Marc Chantereau ou à Mahut de m'accompagner !

Pour chanter *De Shanghai à Bangkok*, c'est Darzee qui m'accompagne au piano.

Le jour de la dernière, le très bon mais très gros pianiste de Félix Marten, Robert Valentino, s'assied sur mon tabouret et le casse en deux. Je ne sais qui m'offre alors un tabouret de dentiste. Ce tabouret de scène, je le ferai repeindre en noir mat, pour éviter que les lumières ne « se tapent » dedans, et recouvrir de velours noir. Il ne me quittera jamais plus.

Lettre de H... qui revient à Paris pour peu de temps !
Des étreintes.
Des tangos.
Des orages.
Amours tumultueuses.

H... repart en me demandant de venir vivre quelque temps avec lui à Abidjan.

Après avoir difficilement négocié avec L'Écluse, je pars le rejoindre.

J'ai mis une ultime condition à ce voyage : ne pas dépendre, travailler.

Il refuse, puis finit par céder.

Le hasard fait que Jo Attia, venu m'entendre à L'Écluse, m'engage en juillet 1961 dans le cabaret qu'il a ouvert à Abidjan, dans le quartier de Treichville.

Abidjan !

Me voici installée dans la villa résidentielle de H...

Je chante au Refuge, qui porte bien son nom, et où je verrai transiter des gangsters de tous calibres, des voyous sympas, petits délinquants ou grands truands.

Jo Attia, c'était le genre « monsieur Victor », mais sans la route du Nord. Il avait des relations très haut placées ; un jour, il fit même stopper le convoi qui amenait là Michel Debré.

Au Refuge, il y a parfois des coups de grisou et des coups de gueule. Mon tour de chant s'intercale entre Faiza et sa danse berbère et Minouchette la strip-teaseuse. Je m'entends très bien avec toutes ces belles jeunes femmes dont je prends la défense, les soirs d'orage !

La nuit, H... attend mon retour montre en main ; sa jalousie est maladive.

Quand le même taxi me ramène chaque nuit à la villa, je fais exprès de demander à Emman, le chauffeur, de ralentir.

— Mais le maître sera fâché !

— Ralentis, Emman, ralentis !

Je respire l'odeur lourde de la lagune.

Il y a des soirées insupportables. Des aristocrates « à la gomme » en robes de chez Dior. On se passe un 33 tours de Vivaldi à la vitesse d'un 45 tours sans même s'en apercevoir, et on s'extasie !

Les femmes sont folles de H... et toutes sont jolies.

Je n'apparais que très peu à ces soirées données en mon honneur.

— Vous nous chanterez bien quelque chose ?

— Non, rien !

— Comme c'est dommage ! Vraiment dommage...

Elles supplient H... d'intervenir.

Derrière mes lunettes, mes yeux se plantent violemment dans ceux de H... qui perd un ins-

tant de son assurance devant les belles
« diorisées ».

Mépris pour ce monde poli mais pas joli-
joli !

Je m'éclipse et disparais dans les cuisines.

Avec les deux boys de H..., je me sens bien.
Ils sont dignes, font semblant de ne s'apercevoir de rien. Ils m'ont appris certains de leurs
secrets.

Hormis les moments où je me retrouve seule
avec H..., je ne me sens jamais à l'aise dans
mon propre espace. Je suis comme égarée.
L'amour-passion de lui m'a mis la tête et le
cœur à l'envers.

L'Écluse télégraphie, il faut que je rentre.

Déchirée, je nous sépare encore une fois.

Dans l'avion, une petite musique et quatre
phrases... Je commence *Dis, quand reviendras-
tu ?*...

Arrivée « à Vitruve », j'écris puis déchire et
jette les pages de mon cahier d'écolière,
comme chaque fois que je compose une chanson. Sur mon vieux magnétophone, *Dis, quand
reviendras-tu ?* prend forme, puis se
« finalise ».

Je ne connais toujours pas le solfège et j'ai

la paresse tenace ; pourtant, je crois que ce qu'on appellera plus tard mon « style », c'est cette couleur pianistique due à ma méconnaissance de la musique, je dirais même à ma grande ignorance de l'écriture musicale.

Je reprends mon tour de chant à L'Écluse et chante *Dis, quand reviendras-tu ?* pendant un an sans oser dire que j'en suis l'auteur. Je n'avais jusqu'à ce jour interprété que des chansons d'amour composées par des hommes ; je peux enfin chanter l'amour comme une femme. Si elles disent la même chose, les chansons d'amour écrites par des hommes ou par des femmes le disent de manière bien différente...

Par téléphone, je fais entendre à H... cette chanson écrite pour lui.

Il revient.

Quelque temps plus tard, nous partons ensemble pour la Suisse et l'Italie.

Stresa. C'est beau le lac de Côme !

> *Viens voir l'Italie*
> *Comme dans les chansons...*

H... est différent, vulnérable ; il doute, loin de son décor et de ses figurants falbalesques. Il me rend très heureuse, mais veut que je lui prouve mon amour en lui faisant la promesse de ne plus jamais toucher un piano de tout notre voyage.

Je promets.

Nous rentrons à Paris ; il veut me trouver un appartement avant de repartir pour Abidjan.

En transit pour quelques jours dans un hôtel de la rue Jacob, je remarque en arrivant un piano droit, en bas, dans le salon. Le lendemain matin, alors que H... se trouve encore dans notre chambre, je descends. J'ouvre le piano qui sent la colle et les vieux marteaux de feutre. Je me jette avidement sur le clavier.

H... survient.

À cet instant, je le perds. Il me perd.

Journée infernale.

Le lendemain, tout s'ensoleille à nouveau ; mais fragile, si fragile...

H... trouve un appartement à proximité du pont Mirabeau, rue de Rémusat. Nous visitons. Oui ! Oui !

Il m'installe « à Rémusat ». Comme une danseuse !

Je quitte Vitruve en douceur avec mon piano, mon magnéto et l'unique valise avec laquelle j'ai vécu jusqu'ici et que je n'aurai plus, désormais, à refaire sans cesse.

J'ai un appartement !

Je « cliquette » mon trousseau de clefs !

H... repart et me laisse décider de l'installation pour laquelle je suis aidée par mon ami Michel Souillac, antiquaire et « chineur » de génie. C'est lui qui me fait découvrir la salle des ventes de Drouot.

Il m'y emmène chaque matin, très tôt, et nous déambulons parmi les « cols rouges », les caisses débordantes de paille, les paniers remplis de lots. C'est là que je croise un matin cette femme bouleversante pour laquelle j'écrirai la chanson *Drouot*.

Michel Souillac a un œil gris-bleu rapide et me trouve des merveilles de sacs perlés 1925, des vieux sautoirs de Pompone, des poudriers d'argent, des éventails, des folies !

Au septième étage, avec grande porte-fenêtre ouvrant sur la terrasse, Rémusat devient une chambre bleu nuit et gris-bleu, puis beige, or, puis encore bleu nuit.

Le piano a une place pour lui seul.

Quel luxe ! Je suis installée !

J'ai plein de parfums, de chaussures, de gants, de bracelets d'argent, de fouillis en dentelle !

Je téléphone tous les jours à ma mère.

Je ne me souviens plus comment le

« rocking » noir arrive un jour à Rémusat. Mais déjà je m'y cale, je m'y love, j'y suis bien ; je regarde le ciel ouvert, rassurée par son balancement. Plus tard, un jour de générale, morte de peur, je l'emporterai sur scène pour y avoir un objet de Rémusat qui me rassure. À compter de cet instant, il fera partie de tous mes voyages. Il « chantera » sur toutes les scènes. Pour le bouger, je le fais pivoter en appuyant bien fort sur mes talons, et il avance ainsi en tournant. Il deviendra un « objet-bulle » qui me permettra de me déplacer rapidement et de me camper exactement là où je désire, face au public.

Après un séjour en clinique, retrouver mon Rémusat, c'est revenir au monde après avoir stagné dans une eau gluante où vivent de gros animaux géants et mous que l'on ne rencontre que dans les cauchemars. C'est réapprendre à dire bonjour, à marcher. Les visages redeviennent précis désormais, la chambre ne bascule plus. C'est comme si on sortait d'un monde où tout tourne au ralenti, où l'on voit double, d'une eau trouble où l'on a sombré. Je donne au fond un violent coup de talon pour remonter à la surface et pouvoir respirer.

Vivre, je veux vivre avec la même violence

que j'ai eue parfois à vouloir mourir sans vraiment mourir, à attendre la nuit pour m'y endormir bellement.

Rémusat, mon Rémusat, ma maison de soleil et de neige, ah te retrouver après cette douloureuse absence...

Le bonheur que j'éprouve à pousser la porte et, tout de suite, à voir le piano...

Et cette odeur de poivre... Rémusat, la pénombre bleue de ma chambre bleue, jardin de tant d'amours orageuses et tendres.

Nous sommes en 1962. « À Résumat », je ressens le désir d'écrire ; le besoin d'écrire.

Jusqu'à présent, je n'ai écrit que deux chansons, mais je sens qu'en moi les mots bougent et cognent. Il veulent sortir, les mots ; il s'agitent, s'entremêlent, se conjuguent pour dire ce que je n'arrive pas encore à expliquer. Ils vont filtrer, sourdre, jaillir de mes veines.

Ils me font peur et me fascinent à la fois. Je ne comprends pas d'où ils viennent, ni l'état de fébrilité où je suis lorsqu'ils me viennent.

J'avais déjà eu des difficultés à comprendre, à mémoriser les mots des livres. « À Vitruve », je lisais, je relisais tout d'une traite, comme on s'enivre : *Ces dames aux chapeaux verts, Tropique du Cancer, Le Vicomte de Bragelonne, Autant en emporte le vent, La Citadelle* de Cronin...

Ma mère m'avait offert pour mes dix-sept ans *Le Portrait de Dorian Gray*, d'Oscar Wilde. Ce cadeau m'avait enchantée et, venant d'elle, bouleversée. Premier déclic.

J'avais connu, pendant que je vivais encore « à Vitruve », un étudiant grec de forte et troublante personnalité et qui faisait des études de criminologie. C'est lui qui m'initia à André Breton, Maïakovski, Louis Aragon, Paul Éluard, Queneau, Desnos, etc. Je me promenais avec les livres qu'il m'offrait. Je les ouvrais et les touchais comme pour en caresser les mots. J'allais au quartier Latin hanter les vieilles librairies de la rue Monsieur-le-Prince ou de la rue de l'Odéon, où flottaient odeurs et poussières de grimoires, de reliures de cuir repoussé à la feuille d'or, de feuilles jaunies couvertes de taches de son. J'aimais me perdre seule dans ces lieux de pénombre et y reniflais les mots, les savourais. Je grimpais aux échelles de bois, faisait glisser les vitres coulissantes. Les livres m'intimidaient, m'émouvaient, me faisaient rêver...

Je commençai bientôt à lire Genet, Jouve,

Proust, Maurice Sachs, Baudelaire, Max Jacob, Colette. Plus tard, *Les Illuminations* de Rimbaud, Georges Bataille et Céline.

Il me semblait que je ne retenais rien de ce que je lisais. Je dévorais avidement des mots, des pages, des espaces. Je rencontrais des personnages légendaires, traversais les siècles, m'enroulais dans les spirales de la folie, de l'étrange, de l'horreur, m'engloutissais dans les profondeurs de ces nuits d'asphalte. Et puis, brusquement, j'ai cessé de lire.

Je n'ai plus lu.

Rien, plus rien du tout !

J'ai oublié que j'avais lu.

Oublié.

En fait, les mots, au lieu de rester dans ma mémoire visuelle, se sont agglutinés dans ma mémoire tactile, et, aujourd'hui, je sais que ce sont ces mots-là qui bougent au bout de mes doigts, qui cherchent à sortir du bout de mes doigts, de tout mon corps.

En chantant, je retrouve cette sensation de mots jadis avalés, déglutis, engloutis, qui remontent douloureusement par ma gorge avant que je ne les exhale avec violence ou douceur dans une chanson. Comme il est expliqué dans *Lily-Passion* :

> *Et les mots qui sortent de ma gorge, je*
> *ne les connais pas : des mots qu'on a*
> *plantés là, des mots qui me font mal et qui*
> *m'étouffent ; alors je les crie, je les vomis*
> *pour pouvoir respirer, pour vivre...*

C'est ce qui se passe justement ce jour-là « à Rémusat » : les mots se pressent au bout de mes doigts, j'ai envie d'écrire !

Je crois que c'est alors que je commence *Le Temps du lilas* :

> *Il a foutu le camp, le temps du lilas*
> *Le temps de la rose offerte*
> *Le temps des serments d'amour*
> *Le temps des toujours, toujours*
> *Il m'a plantée là, adieu Berthe*
> *Si tu le vois, ramène-le-moi*
> *Le joli temps du lilas*
>
> *Avant qu'il me quitte pour me planter là*
> *Qu'il me salue, adieu Berthe*
> *J'en ai profité, t'en fais pas pour moi*
> *Du joli temps du lilas...*

Et toujours, les allées-venues de H...

Il revient, il repart.

Il m'écoute fredonner et propose de revenir définitivement si je ne chante plus.

Jaloux. Possessif. Terrible.

Il va se battre contre un piano, contre des chansons, contre un public peu nombreux mais qui constitue déjà ma raison de vivre.

Non, non et non !

Alors, séparation définitive.

Déchirure.

Rémusat de soleil et de glace.

Rémusat gris cendre...

Rémusat qui n'avait été aménagé que pour un seul amour mais qui revient trop tard, quand je n'en veux plus d'avoir eu tant mal, trop mal du temps d'amour.

Dorénavant, je suis seule ; plus rien ne va pouvoir me détourner de ma route telle que je l'ai toujours pressentie. Rien, ni hélas personne, plus aucun homme, aucun amour. Bien sûr, des hommes et des amours. Mais c'est si différent.

J'aurais bien voulu mais je n'ai pas eu le talent de vivre à deux, ni jamais le désir assez grand de tout quitter pour un seul homme.

En acceptant de perdre H..., je viens de prendre le voile, inexorablement, pour cette beauté : la vie de femme qui chante.

Ma mère vient me rejoindre « à Rémusat ».

Nous sommes toutes les deux heureuses de nous retrouver. Elle occupe une chambre indépendante ; souvent, Claude à son tour la rejoint.

De temps en temps, je pars pour des galas ; je n'ai toujours pas d'imprésario.

En mai 1962, j'enregistre *Le Temps du lilas, Tu ne te souviendras pas, Dis, quand reviendras-tu ?*, et Jean Poissonnier m'écrit un très beau texte intitulé *Le Verger en Lorraine.* Je confie l'orchestration de ce disque à François Rauber qui travaille avec Jacques Brel et m'écrit des « cordes » magnifiques.

Je suis toujours à L'Écluse, que je voudrais bien quitter pour prendre mon envol. Léo Noël, Marc Chevalier, André Schlesser et Brigitte Sabouraud accepteront que je parte au printemps de 1964. J'ai alors quelques rares engagements.

Nounou fait son entrée « à Rémusat » : Martiniquaise sculpturale et rieuse, elle cherche du travail et je l'engage d'emblée. Elle restera sept ans. Des jours beautés, des jours peines, des jours colères. Elle sait lire mes humeurs, mes silences. Elle refuse que je prête ou donne mes affaires ; elle est persuadée qu'on enfonce des aiguilles dans des poupées à mon effigie pour me faire du mal ; elle prétend que les sorcières s'envolent à califourchon sur leur balai au petit matin :

– Si, si, je t'assure, patronne !

Pourquoi pas !

Quand je rentre de gala, ils sont parfois dix dans la cuisine, tous cousins.

– Nounou, je suis si fatiguée !

Elle me déchausse. Ils sont dix à me faire une tisane, à me coucher, à faire silence, à refermer la porte.

Dans la chambre bleu nuit, je m'endors enfin.

Rencontre très importante avec le peintre Luc Simon qui me fera découvrir la peinture.

Écriture de *Attendez que ma joie revienne* et de *Ce matin-là*.

En avril 1963, je suis engagée à La Tête de l'Art dans le programme de Raymond Devos.

Un soir, à La Tête de l'Art, je croise Claude Dejacques dont j'ai beaucoup entendu parler. Il est directeur artistique chez Philips ; nous allons nous voir et nous revoir, échanger des idées. Il a envie de réaliser un disque avec moi, j'ai une folle envie de travailler avec lui. C'est la première fois que quelqu'un du métier m'entend vraiment.

Gilbert Sommier vient de créer les *Mardis*

de la Chanson au Théâtre des Capucines. Il me demande de venir chanter tous les mardis du mois de novembre et de parrainer les programmes. J'ai toujours eu horreur de parrainer-marrainer qui ou quoi que ce soit, en tout cas je déteste cette expression-là ! Plus simplement, donc, je réalise avec Gilbert Sommier les programmes de mes mardis ; j'y inviterai Monique Tarbès, Bayard et Rameau, Gil Baladou, et il y aura aussi Darras et Noiret.

Je continue à voir Claude Dejacques. Il vient « à Rémusat ». Je lui dis que je veux confier des chansons à des interprètes. Il me le déconseille. Je propose quand même *Le Temps du lilas* à Yves Montand qui va chanter au Théâtre de l'Étoile, et *Dis, quand reviendra-tu ?* à Colette Renard. Tous deux refusent gentiment.

Dejacques est content ; finalement, moi aussi !

Claude Dejacques assiste à toutes les répétitions des *Mardis de la Chanson*. Ne connaissant que fort peu de chose à ce métier, j'ai du mal à comprendre, puisque nous en avons envie tous les deux, pourquoi il ne peut être mon directeur artistique chez CBS où je suis alors. Il m'explique en riant qu'il est lui-même sous contrat chez Philips et qu'il faudrait poser la question à Louis Hazan, alors directeur de la production de cette dernière firme.

Bon, on verra.

Mes frères, ma sœur et ma mère ont accepté de venir pour la première fois ensemble, ce premier mardi de novembre, et j'en suis à la fois heureuse et très impressionnée.

La veille, à la répétition, je couvre de mots tout un cahier de feuilles qui finissent froissées, jetées, déchirées, mais je sens, à la difficulté que j'ai à écrire, que la chanson *Nantes* est sur le point d'être achevée.

De fait, le lendemain soir, je la chante, accompagnée à la basse par le génial François Rabbath. Je suis tellement émue de savoir ma famille dans la salle que François doit reprendre plusieurs fois l'introduction de *Nantes* avant que j'arrive à la chanter.

Je chante *Nantes* ; ma mère trouve la chanson très belle.

Il y a ce soir-là dans la salle beaucoup de gens du métier, dont justement Louis Hazan, Denise Glaser et Michèle Arnaud.

Un enregistrement clandestin de cette soirée sera vendu sous le manteau, où figure une version de *Nantes* qui n'aura existé que ce soir-là. Ce disque, je ne l'ai pas.

Le lendemain, on me parlera beaucoup de cette chanson.

Elle sera longtemps source de confusion. On m'a souvent crue nantaise ! Non, je ne suis pas du tout nantaise !

J'ignore pourquoi mon père avait choisi cette belle ville pour y terminer sa vie.

Plus tard, lorsque je partirai en tournée et que j'arriverai à une centaine de kilomètres de l'estuaire de la Loire, je serai prise d'une sorte d'étouffement. Il me faudra longtemps avant de pouvoir entrer calmement dans Nantes. Chaque fois, je vais au cimetière en cachette pour y déposer des fleurs.

Ce n'est que beaucoup, beaucoup plus tard que je confierai aux journalistes la véritable histoire de *Nantes*.

Au Théâtre des Capucines, je rencontre Louis Hazan. Rencontre importante, très forte, décisive. Quel homme d'affaires ! Et si intelligent, drôle, séduisant. Beaucoup m'en avaient dit le pire. J'ai souvent fini par aimer ceux sur qui on m'avait dit le pire.

Sitôt entrée dans le bureau de Louis Hazan, je lui demande d'accorder à Claude Dejacques l'autorisation de travailler pour moi chez CBS où je viens d'enregistrer un 45 tours comprenant *Nantes, J'entends sonner les clairons*, ainsi que *Dis, quand reviendras-tu ?* et *Le Temps du lilas*, avec François Rabbath.

Il est sidéré, Louis Hazan.

Il rit, et je ne comprends pas pourquoi.

Il me dit qu'il n'a jamais entendu proférer une chose pareille. Il me propose un contrat chez Philips et me dit que tout sera bien plus simple comme ça !

— Bon. Je vais demander à CBS de me délier de mon contrat.

Hazan rit encore.

— Ils ne vous rendront jamais votre liberté.

— Ils me la rendront !

Je l'ai beaucoup étonné, Louis Hazan. Au début de 1964, je suis revenue comme un martin-pêcheur, ramenant mon contrat résilié et, en prime, l'autorisation de reprendre *Dis, quand reviendras-tu ?* et *Nantes*, qui seront à nouveau enregistrés chez Philips.

En guise de cadeau de Nouvel An, Louis Hazan me donne à signer un contrat dans lequel je fais figurer une clause particulière stipulant que c'est Claude Dejacques, et lui seul, qui sera mon directeur artistique.

Je paraphe le contrat sans presque le lire, en l'ornant d'un petit bateau, d'un oiseau et d'un soleil. Claude Dejacques le cosigne à son tour.

Je travaille enfin avec lui !

Louis Hazan nous donne le temps de réaliser le disque *Barbara chante Barbara*, sans pression aucune, en faisant toujours montre d'une écoute intelligente.

Les mots se remettent à écrire tout seuls. C'est *À mourir pour mourir*, qui vient avec le rythme de la musique. Puis, une nuit, pendant mon sommeil, j'entends distinctement les paroles et la musique du *Petit bois de Saint-Amand*. Je rêve que je l'enregistre sur mon magnétophone. Le lendemain, à ma grande stupéfaction, *Le Petit bois de Saint-Amand* est presque composé.

Et puis les mots ne viennent plus. Ne cognent plus. Ne veulent plus sortir.

Où sont-ils donc passés, les mots ?

Quand les choses vont mal, Louis Hazan me rassure en me disant qu'un jour ou l'autre tous les artistes « ont la maladie ». Il a raison !

Grand directeur artistique, Claude Dejacques m'a beaucoup aidée pour ce premier disque d'auteur-compositeur. Il a tout de suite compris que je travaillais « hors normes », contre toute règle. Il avait la tendresse, l'humour, l'écoute, la bonne distance ; et les idées. C'était un vrai dénicheur de talents, il savait être le « mur » contre lequel l'artiste projette comme des balles son foisonnement d'idées et ses angoisses.

Avec Claude Dejacques, je découvre le travail exaltant du studio, le travail de jongleur du preneur de sons. Je ne tripote pas encore les boutons de la console, mais ça ne va pas tarder ! Les sons me fascinent et je découvre le spectre de ma propre voix. J'ai ainsi appris que l'émotion et le rire sont parfois au bout du souffle, et je veillerai toujours à ce que le son ne soit pas aseptisé, qu'on respecte les modulations, les intonations de ma voix et mes respirations qui sont la vie même. Je me suis souvent battue pour ça !

Quand vint le moment de concevoir la pochette, aucune maquette ne me plaisait. C'est Luc Simon qui me présenta le grand Pierre Faucheux ; c'est lui qui réalisa la pochette de ce premier disque produit par Philips. La chanson *Pierre* et le saxophone de Michel Portal contribuèrent notablement à son succès. C'est au studio Blanqui où j'enregistrais *Pierre* que Michel Portal entendit la mélodie et improvisa sur-le-champ une phrase musicale qui ne bougera plus jamais, comme ne bougeront plus jamais toutes les phrases musicales improvisées par Michel Portal, reprises plus tard à l'accordéon par Roland Romanelli.

Je voudrais encore citer, autour de ce disque, le guitariste Elek Bacsik avec lequel j'avais déjà travaillé et avec qui j'aurais aimé travailler bien plus longtemps. Et Françoise Lo, avec laquelle je vais bientôt travailler et qui m'a écrit le texte de *Sans bagage*.

Au bout du compte, nous aurons mis huit mois, avec Claude Dejacques, pour réaliser ce disque qui sortira enfin en septembre 1964.

Début 1964, Gunther Klein, jeune directeur du Jungen Theater de Göttingen, vient à L'Écluse m'engager. Je refuse. Pas question d'aller chanter en Allemagne.

Gunther insiste, décrit son théâtre de cent places, parle des étudiants.

– Mais qui me connaît à Göttingen ?

– Les étudiants vous connaissent !

– Je ne souhaite pas aller en Allemagne.

Je demande néanmoins à réfléchir jusqu'au lendemain.

Le lendemain, je décide brusquement de dire oui à Gunther, à la seule condition de pouvoir disposer d'un piano demi-queue noir.

Gunther accepte ; ce sera en juillet.

Le jour se rapproche où je vais quitter L'Écluse.

Le temps est venu.

Je quitte définitivement L'Écluse.

J'y étais bien. J'y ai beaucoup appris.

C'est aux soixante-dix spectateurs que contenait L'Écluse que je dois d'avoir un jour rempli les trois mille places du chapiteau de la porte de Pantin.

André Schlesser, dit « Dadé », dit « le Gitan », fut pour moi l'âme de ce lieu-là. C'est un soir, à Pantin, que j'ai appris sa disparition qu'il avait tenu à garder secrète pour épargner ceux qui l'aimaient.

Mais, en ce jour de 1964, je sens que je dois partir.

Le quai des Grands-Augustins s'éloigne.

J'ai repris la route.

Je pars donc pour Göttingen en ce mois de juillet 1964. Seule et déjà en colère d'avoir accepté d'aller chanter en Allemagne.

Gunther Klein m'attend à la descente du train. Il est toujours plein d'enthousiasme. Il insiste pour me faire visiter la ville, si belle en cette saison, avant de me conduire au théâtre. Je ferme les yeux ; je ne veux rien regarder. Je le prie de me montrer tout de suite la scène où je dois me produire le soir même.

Un énorme vieux piano droit orné de deux chandeliers d'argent trône sur la petite scène du Jungen Theater. Lorsque je m'assieds face à ce mastodonte sur mon tabouret réglé à 61 centimètres, je ne peux entrevoir qu'une faible partie de la salle. J'essaie en vain, avec lui, de faire bouger ce piano si lourd. Aucune possibilité de voir le public ni d'en être vue.

Gunther a pourtant fait l'effort de dégotter un tabouret de dentiste qu'il a, me dit-il, repeint lui-même pour la circonstance. Il me fait remarquer que, lorsqu'il est venu me voir à L'Écluse, je chantais sur un piano droit.

– Oui, mais il était disposé autrement. Et puis, j'ai mis une condition à ma venue : un piano demi-queue noir. Vous vous y étiez engagé.

Je lui déclare qu'il m'est impossible de chanter en m'accompagnant sur ce piano-là.

Gunther est désolé, mais il me répond que je devrai bien m'en contenter

Non !

Et je vais m'asseoir dans la salle, au premier rang, tout en répétant à Gunther que je n'en bougerai pas tant que je ne verrai pas le piano de concert noir promis à Paris. Il ne s'agit pas là d'un caprice, mais, pour moi, d'une impossibilité absolue.

Gunther me regarde et il me semble que je le vois fondre petit à petit. Il s'assied près de moi et m'explique qu'il y a à Göttingen une grève des déménageurs de pianos depuis la veille au soir.

– Une grève des déménageurs de pianos ?

Voilà qui change tout. Je passe de la colère à la tristesse.

Gunther disparaît brusquement et revient avec dix étudiants joyeux parlant fort bien le français. L'un d'eux connaît une vieille dame qui, selon lui, accepterait de prêter son piano de concert. Les dix garçons proposent de le transbahuter.

Tout cela prend beaucoup de temps et suscite beaucoup d'angoisse.

Le spectacle étant prévu pour commencer à vingt heures trente, Gunther explique le pourquoi de notre retard à un public surpris mais qui décide néanmoins de patienter.

Je suis de plus en plus abattue, j'ai de plus en plus peur. Je me sens mal, loin de tout. Je n'ai même pas pu répéter.

À vingt-deux heures, porté par dix grands gaillards blonds, un piano de concert noir fait son entrée sur la petite scène du Jungen Theater. J'ai appris plus tard que parmi ces jeunes étudiants, il y avait un futur comédien célèbre...

La soirée est magnifique. Gunther prolonge mon contrat de huit jours.

Le lendemain, les étudiants me font visiter Göttingen. Je découvre la maison des frères Grimm où furent écrits les contes bien connus de notre enfance.

C'est dans le petit jardin contigu au théâtre

que j'ai gribouillé *Göttingen*, le dernier après-midi de mon séjour. Le dernier soir, tout en m'excusant, j'en ai lu et chanté les paroles sur une musique inachevée.

J'ai terminé cette chanson à Paris, et Claude Dejacques, en l'entendant, décida que je devais l'enregistrer dans mon prochain disque.

Je dois donc cette chanson à l'insistance têtue de Gunther Klein, à dix étudiants, à une vieille dame compatissante, à la blondeur des petits enfants de Göttingen, à un profond désir de réconciliation, mais non d'oubli. Comme toujours je dois aussi cette chanson au public, en l'occurrence le merveilleux public du Jungen Theater.

Et tant pis pour ceux qui s'étonnent
Et que les autres me pardonnent
Mais les enfants ce sont les mêmes
À Paris ou à Göttingen
Oh faites que jamais ne revienne
Le temps du sang et de la haine
Car il y a des gens que j'aime
À Göttingen à Göttingen
Et lorsque sonnerait l'alarme
S'il fallait reprendre les armes
Mon cœur verserait une larme
Pour Göttingen pour Göttingen...

Fragments

J'ai aimé la rencontre avec les hommes de ma vie, la dualité, la complicité, le rire, la quiétude, la séduction, l'impérieux besoin de reconquérir chaque matin, de rêver une vie à deux tout en sachant parfaitement que rien ni personne ne résisterait à mon piano, à mes théâtres, à la route partagée avec d'autres.

J'ai couru, attendu, retrouvé, perdu, aimé-aimé, heureuse, cruelle aussi, implacable souvent.

Cet état d'amoureuse, je l'ai presque toujours connu. J'en avais besoin pour chanter.

Dans ma vie de femme j'ai échoué.

Dans ma vie de mère j'ai échoué.

J'ai longtemps senti dans mon ventre un vide glacé, j'ai longtemps jalousé les femmes enceintes et détesté les nouveau-nés. J'ai souvent marché la main posée sur mon ventre.

Aujourd'hui, je pense que c'était sans doute le prix à payer et que ma vie a été malgré tout belle et intense.

Longtemps complexée par mon ignorance et mon inculture, j'ai souvent refusé de belles rencontres, certaine de ne pas être à ma place, à la hauteur de l'échange.

J'ai été plus à l'aise dans le rôle d'observatrice silencieuse, et ai toujours préféré la solitude seule plutôt qu'à plusieurs ou avec un autre, sans connivence, sans affinité aucune, sans même cet humour qui permet parfois de tout sauver.

Qu'il est bon, cependant, de pouvoir rire ensemble de tout et sans honte !

Une de mes premières belles rencontres fut celle de Lucien Morisse, le 16 septembre 1965, au lendemain de ma « générale » à Bobino.

J'avais été invitée à l'émission *Europe-midi*. Il faisait un temps superbe et j'étais encore émerveillée par cette soirée qui avait été l'une de mes plus belles nuits d'amour.

Je passais rarement, à l'époque, sur les antennes d'*Europe 1*, ce qui ne m'avait d'ailleurs jamais beaucoup préoccupée ; mais je décidai ce matin-là de m'en étonner et d'en demander le pourquoi à Lucien Morisse. J'allais lui en dire deux mots !

C'est alors que j'aperçus, marchant devant moi, deux hommes, l'un très grand, l'autre petit, vêtu d'une étrange veste à carreaux, les cheveux blonds frisés ; poussée par je ne sais quelle intuition, je compris que c'était lui. Je surgis et me plantai devant les deux hommes qui, sidérés, s'arrêtèrent de converser... Et je restai muette devant ce visage, la belle laideur de cet homme-là qui me regardait, étonné.

Lucien Morisse était un être parfaitement immobile. Il fit donc face sans bouger d'un centimètre, mais, dans son esprit d'une vivacité extraordinaire, je vis qu'il savait déjà et ma question et sa réponse.

Peu importe ce que fut cette réponse donnée sur le bord d'un trottoir ; ce qui compte vraiment, c'est que je venais de rencontrer un homme dont la présence ne devait jamais plus me quitter.

Le soir même, je trouvai chez moi une gerbe de fleurs indécente d'être aussi belle.

L'homme était démesuré, paradoxal, généreux, possessif, jaloux dans ses amitiés, merveilleusement impossible, lunaire – et si fragile qu'on se demandait toujours de quel côté il allait tomber !

Le lendemain, nous avons déjeuné au Bois. Nous n'avons pas parlé métier. Nous avons ri, beaucoup ri. Nous nous regardions et nous éclations de rire à propos de tout et de rien. Il parlait et vivait à voix basse, ses gestes étaient lents, mais sa pensée rapide. Il savait voir sans lever les yeux et entendre sans avoir l'air d'écouter.

Nous avons appris à nous connaître, et nous décidâmes que, quelles que fussent nos activités, nous prendrions toujours le temps de ne pas nous perdre. Jamais il n'a failli à cette promesse.

Nous sommes souvent retournés au Bois pour déjeuner. Nous avions curieusement le même régime : jambon, poisson poché, pommes vapeur et eau d'Évian.

C'était un joueur. Un jour que nous déjeunions là, il me demanda de lui « faire » un *Musicorama*. Je lui répondis que, pour des raisons qui m'étaient personnelles, je ne mettrais jamais les pieds à l'Olympia. Avec des gestes de ses mains extraordinaires, avec sa voix, avec son regard, avec tout son côté démoniaque, il essaya alors petit à petit de me persuader, jusqu'à ce que, vaincue, j'accepte.

Joueuse aussi, je lui répondis que je ne voulais « faire » l'Olympia qu'en récital.

Il ne sursauta pas, eut l'extrême courtoisie de ne pas me montrer que cela l'inquiétait beaucoup.

Je préparai ce récital pour lequel il me donna tous les moyens et toutes les marques de sa confiance.

C'est donc à lui que je dois d'avoir connu les joies de l'Olympia.

Ce petit homme fragile avait une force terrible, une intelligence aiguë, une grande sensibilité. Il adorait les enfants et la musique, le bruit autant que le silence. Il avait la patience des pierres et guettait ses ennemis, tapi dans l'ombre de son bureau. Il n'avait pas de reconnaissance, mais une mémoire extraordinaire. Il ne cessait d'avoir le souci des autres. Il avait le désir que l'on s'aime. Il connaissait ses pouvoirs, mais n'en abusait jamais. Il était habité d'une belle désespérance. Angoissé, il parlait souvent de la mort, du mal de vivre.

... Je nous revois dans les couloirs d'*Europe 1*, en ce mois de juin 1968 où Lucien Morisse a disparu. Une douleur grave et belle s'est installée. Il n'est que de constater dans quelle sérénité se prépare l'adieu pour comprendre à quel point le petit homme blond était adoré de sa tribu à laquelle il inculquait à chaque seconde l'amour du métier.

Je me souviens d'une autre rencontre, celle de Jacques Attali, en 1986. Je lui avais demandé comment et à qui je devais m'adresser pour essayer de participer à l'action contre le Sida. Sa réponse fut très claire. C'était la même qu'il avait dû faire à Coluche en d'autres circonstances. Deux solutions : l'appareil administratif, ou les démarches personnelles, plus souples mais plus difficiles.

Après avoir « petit-déjeuné » plusieurs matins au ministère de la Santé et en être ressortie comme j'y étais entrée, je décidai d'emprunter mes dédales personnels. Je venais juste de composer une chanson sur le sujet, que je souhaitais faire figurer dans mon prochain récital au Châtelet. Mon but était de pénétrer dans les prisons et d'y faire de l'information préventive contre le Sida par le biais de ma chanson *Sid'amour-à-mort*.

J'ai rencontré à cette époque le professeur Jacques Leibowitch, puis, toujours par l'intermédiaire de Jacques Attali, le professeur

Willie Rozenbaum. J'ai également rencontré le journaliste Gilles Pial qui écrivait dans *Libération* et fut le premier à m'interviewer sur le sujet. Michèle Barzac, nouvelle ministre de la Santé, fut la première à souhaiter me parler de ma chanson et à me proposer un entretien. Entre-temps, Gilles Pial avait quitté le journalisme pour revenir à la médecine, et c'est avec lui que j'allais pénétrer un peu plus tard dans les prisons.

Ma première intervention fut aux Baumettes, à Marseille, en compagnie du professeur Gastaud. C'était en 1988. Parler du Sida à cette époque-là dans les prisons, parler simplement des préservatifs paraissait proprement révolutionnaire.

J'ai pourtant rencontré des gens qui m'ont écoutée et qui m'ont facilité les choses, comme Alain Blanc et Jean-Paul Jean, au ministère de la Justice.

Je parlerai aussi un jour de ce que furent mes rencontres avec les détenu(e)s, au cours desquelles j'ai conscience d'avoir reçu bien plus que je n'ai donné.

Parler de Gérard, parler de Depardieu, parler de notre relation passionnelle, dire nos fous rires, l'émotion toujours neuve que nous éprouvons à nous retrouver, à nous téléphoner dans un temps suspendu.

Nous ne nous sommes plus vus depuis huit jours, un mois, un an, je ne sais pas et c'est sans importance. Il téléphone : « C'est moi », et je sais exactement comment il est et comment il va.

Je ne me rappelle plus très bien en quelles circonstances nous nous sommes connus. J'ai le souvenir de lui autour d'une table. Je lui raconte *Lily-Passion*. Lily est une chanteuse célèbre qui sillonne le monde ; dans chaque ville où elle donne son tour de chant, un crime est commis. Le tueur blond, David, signe chaque fois son forfait d'une branche de mimosa. Lily, hantée par ces assassinats, décide d'arrêter de chanter pour épargner des vies humaines. Mais la foule la réclame...

Il me dit : « C'est pour moi. David, c'est moi. Écris-le. »

David, c'est lui, et à partir de cet instant-là, durant six années, *Lily-Passion* se fait, se défait, se construit, se déconstruit. Il est là, toujours.

Autour de lui, autour de moi, on laisse entendre que, bien sûr, il a envie de le faire, mais que, compte tenu de son planning surchargé, ce ne sera évidemment pas possible. Je n'ai pourtant jamais cessé de croire qu'il serait là à la date fixée.

Je travaille sur *Lily-Passion* avec la pensée de David et la présence de Gérard. Il est alors en Mauritanie où il tourne *Fort Saganne*. Je lui envoie une cassette avec le crépitement de la pluie du ciel de Précy-jardin ; nous communiquons par cassettes...

Il revient. Je lui lis un jour au téléphone le premier jet d'un passage de *Lily* que je viens d'écrire pour lui ; il ne changera pas une virgule. Il écoute beaucoup, et, par ses silences, avec une infinie délicatesse, il va me guider. Il m'apprend à ne pas me censurer. Très intelligemment, par son langage, son attitude, il va me faire comprendre ce qu'il a envie de dire, et comment.

Il surgit un matin à Précy dans le désordre d'un bureau jonché de feuilles de cahiers qu'il ramasse en riant. Toujours ce fou rire de cancres entre nous ! Il est venu me regarder, me rassurer. Il dit qu'il est venu prendre des forces. Il repart, il tourne.

Il veut chanter dans *Lily*. Je sais qu'il veut chanter, il chante d'ailleurs bien. Sa première chanson, il vit avec, il l'apprend dans son sommeil. Il me réveille pour me la chanter ; il me chante aussi des airs de *Lily*. Il y a des jours où il voudrait être Lily-Passion et chanter comme elle. Le voleur !...

Oui, c'est un voleur ! Il te vole tout, pour mieux te le retransmettre.

Il te vole aussi tes émotions : à Nantes où nous sommes en tournée, nous assistons, un matin, au baptême de la rue de la Grange-aux-Loups, hommage que la ville a décidé de me rendre pour ma chanson *Nantes*. Au moment où l'on découvre la plaque, il s'écrie : « C'est mon père ! » Nantes, à cet instant, est devenue la ville où est mort son propre père !

Voleur magnifique, il veut partager le butin de joie ou de douleur !

Un soir de représentation, il s'aperçoit,

durant la scène d'amour, que je ne suis pas tout
à fait dans la lumière. Il va alors doucement
reculer pour me faire rentrer, moi, dans la
lumière. Personne d'autre ne ferait ça en
scène !

La tournée de *Lily-Passion* est une fête, un
voyage dont les escales sont des théâtres vrais
ou réinventés dans des palais des sports ou des
gymnases.

Pour que je ne m'inquiète de rien, jamais,
Gérard est présent chaque jour à quinze heures
pour voir l'équipe, vérifier le montage, l'état
des lieux, l'endroit par lequel il entrera en
scène, le soir. Pour me regarder aussi, je le sais
bien. Pour visiter les caravanes, faire un
raccord-son. Je n'ai jamais eu l'angoisse qu'il
puisse être en retard, jamais. Il est là, toujours.

Dans la zone blafarde de David, il fait
pousser tous les soirs l'arbre au mimosa !

Lily-Passion, boudée par la presse qui n'a
pas toujours accepté qu'il chante et que je
parle – ou l'histoire, ou l'écriture peut-être,
que sais-je ? –, *Lily-Passion* reste pour nous
une fête. Pour le public aussi, d'abord inquiet
de cette rencontre, puis émerveillé de découvrir en Gérard un acteur-rockeur, un homme
de music-hall.

On m'en a parlé, on m'en parle toujours, de

David, l'assassin magnifique, le tueur au mimosa !

Bizarrement, après *Lily-Passion*, j'ai vu fleurir partout, accompagnant tout et n'importe quoi, le mot « passion » : le fromage, le tricot, les émissions de télé, tout est devenu source ou objet de passion. Mais jamais ce ne sera comme nous !

Et le tango... Je ne comprenais pas toujours ce qu'il me demandait à propos de ma façon de me déplacer en scène avec lui qui venait du théâtre. Il disait : « Tu comprends, c'est comme avec Claude Regy dans *La Chevauchée du lac de Constance...* » Je n'y comprenais rien, je n'avais pas vu *La Chevauchée*. D'ailleurs, il ne le sait pas encore aujourd'hui, je n'avais vu aucun de ses films ! Sur scène, je ne connaissais que mes propres déplacements qui sont des voyages du piano au piano par des itinéraires nouveaux chaque soir, selon les lieux. Les chemins de ma propre exigence, les chemins de ma liberté. Lui, Gérard, me demandait une autre rigueur ; il voulait m'imposer une loi qui, parfois, m'échappait. Voyant ainsi que je ne trouvais pas ma place pour chanter le « tango », il s'est un jour planté pendant les répétitions au beau milieu de la scène, m'obligeant à tourner autour de lui ; une sorte de jeu de séduction.

Gérard le séducteur, la séduction personnifiée...

Je l'ai connu acteur, chanteur, musicien. Je l'ai vu marcher tantôt le long de la mer, tantôt les semelles collées à sa terre.

Et puis, toujours, nos fous rires.

Et la séduction.

Nous n'avons jamais perdu le goût ni le désir l'un de l'autre.

Si la vie devait nous divorcer, nous aurions toujours envie de nous reconquérir.

Vendredi 28 juin 1986 dans l'avion à destination de New York.

À l'occasion du cinquantième anniversaire de la danse, l'Opéra se déplace pour danser à New York au Metropolitan, et Micha Barychnikoff m'a demandé de venir chanter *Pierre*, chanson sur laquelle il souhaite interpréter une chorégraphie.

L'hôtesse de l'air trébuche avec son plateau et le veau forestière dégouline sur le pantalon blanc de mon voisin. Je détourne discrètement le regard du côté du hublot. Des centaines de troupeaux blancs. « Dieu, si Vous êtes aux cieux, il n'est pas du tout surprenant que Vous y fassiez voler des moutons ! »

En répétant *Pierre* avec Micha, ce mardi après-midi 1er juillet, j'ai vu Barychnikoff survoler littéralement la chanson. Je ne comprends rien à ce qui m'arrive ! Ah, si ma mère pouvait être là.

Je vais essayer d'être aussi exacte que possible dans ce que Micha attend de moi.

Mes rencontres avec la danse auront d'ailleurs toujours été de grandes rencontres. Je raconterai plus tard Maurice Béjart...

Micha m'a proposé de venir vivre chez lui, je lui ai dit que je préférais l'hôtel. J'ai une approche très timide de l'univers des gens que j'aime. Il m'a paru si déconcerté que j'ai fini par accepter son offre. Il m'a emmenée dans sa maison de campagne, une belle maison bien vivante où toutes les portes restent ouvertes en permanence. Il vit là.

Dès mon arrivée, il me joue toutes mes chansons sur son petit « Casio ». J'en suis abasourdie. Il m'explique que, lorsqu'il est venu en France, il s'est exercé à apprendre le français en fredonnant le texte de mes chansons.

Billy me fait cadeau de trois paires de ballerines avec lesquelles Micha a beaucoup dansé ; elle me dit qu'elle-même chausse souvent des ballerines de Micha quand elle veut se détendre. Peut-on imaginer de se reposer

dans des ballerines dans lesquelles Barychnikoff a dansé ?

J'ai emporté les ballerines, je ne les ai
jamais mises, je les ai gardées comme le ferait
une « groupie ».

L'avion va décoller pour me ramener vers
« Paris-Précy »...

Je repars, lourde d'images nouvelles. J'avais
eu beaucoup de chagrin à quitter le spectacle
de *Lily-Passion*, le dernier soir, à Rome, au
Théâtre de l'Argentina. Je ne voulais plus rien
voir ni entendre. Et, brusquement, l'idée –
émise par Billy – que *Lily* pourrait être donnée
à New York au Metropolitan avec Gérard : je
revois et j'entends !

Par-dessus l'aile de l'avion, je regarde
s'enfuir New York. Michel Colombier, qui
m'a fait connaître Micha, m'avait demandé un
jour si j'avais jamais eu le « rêve américain ».
Je n'ai jamais eu qu'un seul rêve : chanter !

Un concerto de Schumann dans mon casque,
je m'endors doucement et plane, heureuse. Je
ne sais qui je dois remercier pour tant d'har-
monie, d'attentions délicates que je ne suis pas
sûre de mériter, mais je prends tout !

Hôpital Begin, octobre 1986.

Je boite. Douleur insupportable dans les doigts, dans les avant-bras, les bras, les jambes.

Par la fenêtre de ma chambre, l'automne s'enrousse, comme j'aime. On aperçoit très distinctement le « Rocher aux singes » du zoo.

Visite éclair du professeur X. et de son équipe. Il s'étonne de la présence d'une plaque noirâtre et visqueuse, par terre, à côté de mon lit. Il croit que c'est du sang.

– Non, monsieur, c'est du zan !

– Du zan !

– Oui, du zan !

Larges sourires de l'équipe médicale.

Le zan me suit et signe ma trace partout où je vais. Dans mes poches, sur les canapés, les coussins des fauteuils, sur mon bureau, dans ma loge, chez mes amis, partout.

Dans le service d'ORL, on me verse de l'eau dans les oreilles.

Eau froide, puis chaude. Symétrie : « Parfait. »

Le lendemain, champ visuel : un canard, deux canards, la queue du lapin... ! Le lion dans la cage, les oreilles sortent de la cage... « Fixez, fixez ! » Je fixe l'image, le lion réintègre sa cage...

C'est fou comme j'ai peur, moi, de réintégrer l'extérieur, de retrouver la liberté. Pour la première fois de ma vie, je n'ai pas du tout envie de quitter l'hôpital.

Je suis fatiguée, je me sens diminuée.

Un trop grand désordre dans mes gestes et dans ma pensée.

Me cacher : impression qu'on s'aperçoit d'emblée de mon déséquilibre.

Pertes de mémoire. Difficulté à trouver mes mots, que je ne trouve d'ailleurs pas.

Grande fatigue. Descente dans le jardin de l'hôpital. Aussitôt, vite regagner la chambre !

La tête claire. En flash-back, des visages, des voix, des rires.

Des paysages : virée à Budapest, par la montagne enneigée, avec R.R.

Ma mémoire chantante ? Parfaite : les salles, les signatures, le spectacle de *Lily-Passion* avec Gérard, notre bonheur avant et pendant le spectacle.

En 1960-1961, une tournée en Allemagne, seule dans un car conduite par deux jeunes militaires. Je chante pour nos soldats stationnés outre-Rhin. Traitée comme une star, alors que je suis encore pratiquement inconnue à Paris. Seule au piano. Pas une colère, mais déjà une grande exigence. Déjà la solitude.

Passage éclair du professeur D. : tout va bien, sortie dans quatre jours. Trois semaines de rééducation, mais je serai à Tel-Aviv pour le 9 novembre.

Ce séjour hospitalier m'apparaît comme une parenthèse de douceur. Je n'assume plus personne. Je me laisse porter, sans culpabilité. J'ai envie d'écrire.

Si tout le monde pouvait partager avec moi la tiédeur de ce matin d'octobre !

Octobre, novembre... Je serai toujours orpheline de vous, de toi, mon enfantine mère...

Claude est venu me rendre visite, il était

calme. Je n'arrive pas encore à avoir des rapports simples avec lui. Suis agressive, ou plutôt... Je ne sais pas. Enfin, c'est tout de même beaucoup mieux qu'il y a un an... Comment adoucir ses épreuves ? Comment l'épargner sans pour autant se laisser déchirer au point de ne plus être suffisamment disponible pour lui ? Me contrôler davantage, dédramatiser, me rendre plus fragile à ses yeux afin de lui donner la sensation que c'est lui qui doit m'assumer.

En partant, j'ai croisé dans le couloir des chariots transportant de jeunes militaires mutilés qui revenaient du Liban.

À propos de maladie, d'hôpital, je dois parler ne serait-ce que brièvement du Célestène chronodose « Retard »...

On est en 1971, je chante pour la première fois dans ce très joli petit Théâtre du Gymnase qui appartient alors à mon ami Tony Raynaud, disparu récemment. Voilà que je tombe aphone. Un médecin prétend que je vais pouvoir chanter. De fait, je peux chanter, tant le médicament qu'il m'a prescrit se révèle miraculeux. Je me sens parfaitement bien en scène, la voix éclaircie, presque normale.

Par la suite, au moindre enrouement, j'y ai repiqué. Ça m'a bouffé les os, bousillé les muscles, déréglé la tension et fragilisé les poumons. Je suis entrée dans un cercle infernal où, pour calmer mes douleurs ou traiter mes enrouements, je m'accrochais à la cortisone qui, cependant, me rongeait, me détruisait peu à peu...

Sans le comprendre ni même le soupçonner, j'étais devenue dépendante d'un médicament-poison.

C'était un dimanche vers onze heures.

J'étais arrivée depuis une semaine à Tel-Aviv afin de rendre visite à ma sœur qui traversait une période difficile. Je reculais volontairement l'instant de me rendre au bord de la mer que je pouvais pourtant apercevoir depuis ma fenêtre d'hôtel.

Je me souvenais comment, en tournée d'été, lorsque nous arrivions au petit matin dans une ville du littoral, je faisais stopper la voiture, courais tout habillée et pénétrais jusqu'à mi-corps dans l'eau parfois glacée. Mon exaltation était telle que je poussais des cris violents, puis sortais de l'eau, m'asseyais, et des larmes alors me venaient.

Toujours, lorsque j'avais contemplé la mer avant que de chanter, je restais imprégnée de l'odeur de sel et d'iode, je gardais dans l'oreille le battement des vagues, dans les yeux l'image de l'espace infini. Les premières chansons de mon récital étaient pleines de ces impressions que j'essayais à toutes forces de retransmettre avec mes mots, ma voix, mes doigts sur le clavier.

Je sortis de l'hôtel, un escalier accédait directement à la plage.

Sous mes pieds, le sable était brûlant, aussi fin qu'une poudre beige mouchetée de petits éclats de mica.

Je me dirigeai le plus lentement possible vers la mer pour différer mon plaisir.

Mes jambes douloureuses me portaient difficilement. Mon sac, dans lequel je traînais le script de *Lily-Passion*, mon magnéto, mes cassettes, pesait lourd à mon épaule.

Il était pourtant rare, depuis déjà un certain temps, que je porte la moindre chose ou me déplace longtemps à pied. Rare aussi que je fusse seule, toujours protégée par la compagnie d'un homme qui me conduisait et veillait sur moi (ou sur qui, plus souvent, je veillais).

Sur un monticule de sable, je déposai mon sac... Je me mis à penser à Jacques. Ce n'était pas qu'il fût mort qui me révoltait le plus. Mais qu'il ne vît plus ni la mer ni le ciel.

Je repensai à cette exigence qu'il montrait

vis-à-vis de lui-même, à son rire, à nos longues heures de route à bord de sa Jag verte dans laquelle nous écoutions Ravel tout en parlant de sa peur et de sa méconnaissance foncière des femmes, de sa propension à rechercher en elles sa propre masculinité.

Tout me revenait, assise là dans le sable, six ans après sa disparition.

Tu es toujours présent.

Je ris avec toi.

Face à la mer, j'éprouvais une impression de liberté ; de solitude et de petitesse aussi, mais j'étais bien.

Il était midi. Je décidai de retourner chez ma sœur, à Tsirelson Street.

C'est avec Georges Ollivier, alors « tourneur » de Jacques Brel, que j'ai fait ma première tournée. Je crois bien qu'à cette époque j'étais la seule femme à s'accompagner au piano. Demander un bon piano à un « tourneur » qui, la plupart du temps, ne connaissait rien aux instruments et qui pensait que, si le piano était noir, il était forcément bon, paraissait une requête aussi incongrue que si on lui avait demandé une barre d'uranium ! J'avais mis deux conditions à cette tournée : la première était un bon piano à queue noir accordé « à 442 » (pour jouer avec l'accordéon, alors qu'il est d'ordinaire accordé « à 440 ») ; la deuxième était qu'à ses débuts, au moins, Georges Ollivier suive la tournée.

Sa hantise, c'étaient les pianos ! Lorsque nous arrivions dans un théâtre, il restait statufié devant moi, attendant mon verdict au sujet du piano. En France, à cette époque, les pianos étaient médiocres, en tout cas ceux que l'on prêtait pour accompagner les artistes dits de variétés. Il est vrai que, parfois, ils étaient malmenés ; on y posait des cafés brûlants, on y renversait divers breuvages... Un jour, à l'Opéra de Lille, on me donne un piano-casserole alors que j'ai repéré, un peu à l'écart, recouvert d'une bâche, un piano de concert qui est en fait un superbe Steinway. Stupéfaite, je demande (une des raisons pour lesquelles il est important d'arriver assez à l'avance dans un théâtre est justement de pouvoir rattraper certains « coups ») à voir le directeur qui rapplique, tout sourire. Je lui fais savoir que je refuse de jouer sur sa casserole et, lui désignant le Steinway :

— Et ça, monsieur le directeur ?

— Vous n'y songez pas, madame ! C'est le piano qui accompagnera demain madame Victoria...

— Et alors ?

— Alors il n'en est pas question, madame. On sait comment les musiciens déversent leur whisky dans les pianos.

— Je ne bois pas d'alcool et je m'accompagne moi-même.

– Ah bon, fait-il, surpris et pincé.

La conversation se prolonge et s'envenime, le ton monte. Le mien, surtout.

Puis, de but en blanc, il se fait très mondain :

– Vous voudrez bien me pardonner, madame, j'ai encore certaines choses à terminer. Mais, ce soir, je serai naturellement dans la salle.

Sourire finaud.

– Si le piano n'a pas été changé, vous risquez de vous y retrouver tout seul !

– Mais, madame, on affiche complet !

– Justement !

Dans le quart d'heure qui suit, la casserole est remisée et j'ai les honneurs du piano qui accompagnera demain madame Victoria..., au demeurant très grande chanteuse.

Après le spectacle, retour du directeur, la mine enfarinée :

– Ah, madame, si j'avais su, bien sûr... bien sûr... !

Il y eut aussi l'épisode du piano de Fontainebleau, piano de collection décoré de femmes nues que je fis recouvrir de draps noirs loués chez Borniol pour ne pas voir, pendant que je chantais *Nantes*, une de ces généreuses naïades me pointer un sein dans l'œil !

Ce jour-là, Georges Ollivier était absent, le fax n'existait pas encore ; le télégramme qu'il reçut fut aussi bref que clair :

Tournée terminée avec vous – stop.

Que d'énervement, que de temps perdu, que de mauvaise foi et, souvent, d'incompétence ! Que d'énergie gaspillée à ressasser des radotages quotidiens, jamais ou mal entendus !...

J'ai donc rompu avec Georges Ollivier tout en restant en bons termes avec lui.

Je n'ai jamais aimé faire des galas séparés, comme par exemple de partir pour Bordeaux le lundi, de revenir aussitôt pour repartir pour Toulouse le jeudi. J'aime les tournées de théâtre en théâtre, de ville en ville. J'aimais rouler la nuit, traverser les villes, me laisser aller à rêvasser sur la vie des habitants assoupis, à imaginer leurs bonheurs, leurs malheurs, leur quotidien. J'avais l'impression de les veiller, l'espace de ma traversée.

J'aime le travail en équipe, cette famille réinventée, la vie partagée depuis l'heure d'arrivée des camions jusqu'à la fin de soirée. J'aime les instants de bonne ou de mauvaise humeur collective, les énervements, les colères, les apartés, les « j'ai deux mots à te dire », les rires, les réconciliations, les attentions délicates au sein de cette troupe de nomades aimantés par le même objectif : réussir la fête d'un soir et la partager avec le public.

Tony Raynaud vint me trouver un soir à Bobino alors que mon succès était déjà reconnu. Durant cette semaine-là, tous les « tourneurs » de France avaient rappliqué pour me faire des propositions. Tony est entré dans ma loge après mon tour de chant ; je le connaissais de réputation pour avoir fait tourner Piaf, Fernand Raynaud et beaucoup d'autres. Le soir même, je dis à Marie Chaix qui m'accompagnait : « C'est avec lui que nous partirons. » Je n'avais pas de voiture, ni même assez d'argent pour en acheter une. J'appelai Louis Hazan, directeur de production chez Philips, qui me demanda d'aller choisir la voiture de mes rêves et de trouver un chauffeur. C'est Serge Reggiani qui me trouva le chauffeur que j'appelai « Peter », je ne sais d'ailleurs plus pourquoi. N'y connaissant rien moi-même, c'est avec Peter que je choisis le véhicule. Je suis tombée en arrêt devant une Mercedes gris acier qui plaisait aussi à Peter et qui était d'un confort que, sur l'instant, je ne soupçonnai même pas. Et c'est ainsi que je me retrouvai sur les routes avec Marie qui avait réalisé des cahiers d'éclairages et emportait dans un grand sac des gélatines de toutes les couleurs ! Derrière nous, en voiture, suivaient Joss Baselli et Michel Gaudry.

Tony Raynaud était un personnage sorti tout droit des œuvres de Marcel Pagnol. Je l'aimais beaucoup, il était vivant, solide, il parlait bien de la terre et des vignes. Il était alors directeur du beau Théâtre du Gymnase, à Marseille. Il vivait près d'Aix-en-Provence dans un domaine où paissaient, tranquilles, quelque trois cents moutons. Il y recevait chaleureusement chacune de ses tournées. Je me souviens d'une très belle halte chez lui avec Julien Clerc. Tony aimait bien ce métier, mais ce n'était pas sa raison de vivre. Il trouvait toujours superflu d'apporter la moindre amélioration au spectacle, puisque « tout roulait très bien comme ça » ! Mais il veillait à porter la valise contenant la recette du soir chevillée à son poignet... Il faut dire qu'en ce qui concerne l'argent, il avait reçu des ordres très stricts de Charley Marouani, mon agent, qui entendait me préserver contre ma propension naturelle à la prodigalité. Le jour où j'achetai à Strasbourg cent stylos Lamy pour les offrir à « mes hommes » et à d'autres, il faillit devenir fou ; il se demandait comment annoncer la nouvelle à Charley. Quand nous allions au restaurant, il commandait un plat pour moi, prétextant que lui-même n'avait pas du tout faim, puis il grappillait ou pignochait dans mon assiette. Il agrafait ensuite la note au *bordereau* (mot étranger pour moi, mais qui revenait tout le temps dans son langage : « Tu mettras ça au bordereau... »).

Tony était magnifiquement radin, le savait et en riait.

J'eus avec Tony Raynaud quelques sacrées colères tournant toujours autour du spectacle. Je n'étais pas souvent d'accord avec sa conception de l'« artiste ». Il est vrai que de chaleureux fous rires vinrent tout aussi souvent sceller nos réconciliations. D'ailleurs, le fou rire peut en un instant tout balayer, dédramatiser, ramener les choses à leur juste valeur – le problème, c'est qu'il lui faut trouver la place de se glisser dans mes colères. Or j'excelle à tout barricader, à m'enfermer à triple tour, à me rendre étrangère à mon interlocuteur qui me devient alors lui aussi parfaitement étranger ; je me mets brusquement à vouvoyer un ami et un complice de dix ans et plus, et je ne peux même plus imaginer que nous nous soyons fréquentés plus de cinq minutes dans toute notre vie. Ma colère, que je trouve invariablement justifiée, qui jamais ne résulte de quelque caprice, est toujours un moment où le paroxysme me porte, où une douleur ou une violence me tourmente à tel point que je m'y noie, hurlant à l'injustice, avec le sentiment de ne pas être entendue dans mon entière bonne foi et mon exigence de vérité.

Après avoir joué sur des claviers édentés, après des télégrammes d'insultes expédiés en urgence au « tourneur » du moment, après m'être battue pour moi, mais aussi pour mes camarades artistes, après des crises de colère où tu ressembles à un tyran alors que tu n'es qu'exigeante, respectueuse d'un public qui ne vient pas au spectacle pour que la fête soit ratée, après en avoir discuté un jour avec Brel, révolté aussi par les mauvais pianos que l'on proposait à François Rauber et qui me disait avoir résolu le problème en pissant dedans pour en obtenir un autre, après des heures de combats, d'explications inutiles à des directeurs sourds et qui, de surcroît, s'en moquaient, j'ai décidé d'emporter partout mon propre piano.

C'est ainsi qu'a commencé l'escalade et que la caravane a progressivement pris du volume. Au départ, une Mercedes contient la sono.

Petit à petit s'installent le son, la lumière, les musiciens, l'équipe, puis les équipes, et tu es passé d'un simple coffre de voiture à une tournée comportant deux semi-remorques transportant le « son » et les « projos », puis, un beau jour, les « ponts » de lumière. Le tout pour que tous les soirs, tu évolues à peu près dans le même espace avec le même son. C'est d'ailleurs un leurre, car garder le même son ne dépend pas seulement du matériel, mais aussi du décor, des coulisses, de la lourdeur des tapis, de la hauteur des cintres, de la température. Par exemple, j'ai toujours exigé qu'il ne fasse pas plus de 18 degrés en coulisses ; ne l'obtenant pas toujours en dépit des avenants et codicilles aux contrats, je me suis longtemps promenée avec une clef anglaise spéciale pour fermer les radiateurs atteints de surchauffe ! La chaleur coupe en effet la voix, asphyxie les poumons. Le jour où j'ai eu un régisseur de plateau, je n'ai plus eu à résoudre ce genre de problèmes.

Tu peux chanter sans éclairage, mais, sans le « son », tu ne peux rien. Au moment du montage des spectacles, il y a toujours conflit entre l'équipe-son et l'équipe-lumière. Pour le réglage des lumières, tout est fonction de la place du piano. Je n'ai jamais manqué l'heure de l'installation du piano, sauf peut-être à mes tout débuts, en tout cas jamais après. De la place du piano vont en effet dépendre celle des musiciens, celle du retour-son, celle des lumières. De la place du piano dépend aussi le confort du public des premiers rangs lorsque la scène est trop haute ; pour résoudre cette difficulté, nous avons décidé un jour, l'équipe et moi, de faire fabriquer un faux pied qui conférerait au piano une légère pente. C'était moins confortable pour chanter, mais beaucoup mieux pour le public.

Dans un spectacle, il y a deux spectacles, ou plutôt deux visions du spectacle : ce que voit le public depuis la salle, ce que voient les artistes depuis la scène. Pour être plus libre de me déplacer rapidement, de me lever ou de me rasseoir à mon piano, je demandais à Rouvey quelques éclairages supplémentaires sur le plateau, qu'il refusait en me disant que ça « polluait » ses lumières. Il avait ses raisons ; j'avais les miennes. Si je n'étais pas heureuse sur scène, le spectacle risquait d'en pâtir. Je n'aimais pas non plus chanter dans un cadre trop nettement délimité par la lumière, je voulais que la lumière dévale jusque dans les coulisses et parfois même sur les tapis et le cadre de scène. J'aime aussi que, comme un sculpteur de l'espace, elle puisse te dessiner jusqu'au bout des ongles, sauf, bien sûr, pour certaines chansons chantées dans le « rocking », telles *À peine*, *Coline*, *Vol de nuit*...

Rouvey a finalement admis tout cela et nous avons amoureusement négocié nos lumières. Au départ, pour effectuer ces réglages, il partait en tournée avec moi ; il m'en reste des souvenirs de fous rires et de totale complicité. Un jour que, dans un théâtre, il avait mis quatre heures à obtenir de l'équipe locale une gélatine couleur lilas, nous décidâmes que, pour faire face à la mauvaise foi et à l'incompétence, mieux valait que je fusse sur le plateau dès le début du montage, et c'est vrai que, grâce à ma présence muette mais matinale, nous avons sans doute obtenu plus facilement certaines choses. En outre, j'étais heureuse de me retrouver là avec eux tous, sans rien perdre de ce qui se préparait sur scène et, du fait que je débarquais aux aurores, je bénéficiais d'un certain respect des équipes locales.

Puis, le champ de ses préoccupations artistiques s'élargissant, Rouvey s'intéressa au théâtre et à la danse et devint moins disponible ; il donna alors priorité – c'était normal – à Sylvie Vartan et Johnny Hallyday avec lesquels il travaillait depuis longtemps, et ne partit plus avec nous.

Il y a une grande différence entre éclairer un spectacle à Paris dans le même lieu chaque soir et l'éclairer chaque soir dans une ville différente. Si c'est un théâtre, il vaut mieux travailler avec les éclairages de ce théâtre ; si c'est une salle polyvalente, il faut inventer. Van Huan, très beau, très fin, très introverti, a excellé dans ce travail ; j'ai aimé travailler avec lui.

J'ai également eu affaire à un personnage pittoresque, un Chilien que j'avais surnommé « Yo-no-sé » : quoi qu'on lui demandât, il répondait invariablement par cette formule. À ma demande, Rouvey avait placé de trois quarts un projecteur gélatiné en rouge dans les coulisses, derrière Gérard Daguerre, qui nous permettait de bien nous voir, les musiciens et moi. Cet éclairage était impératif ; sans lui, nous étions dans un trou noir. Pas une seule fois « Yo-no-sé » ne le « mémorisa » dans la console. Je hurlais, la tête tournée vers les coulisses, et « Dada », qui me voyait en difficulté, hurlait à son tour dans le casque de « Yo-no-sé » pour obtenir le « trois quarts rouge ». Un soir, dans un « Zénith » où je ne voyais plus rien, vraiment rien, et où je vitupérais, menaçante, un machiniste qui se trouvait là et qui m'entendait réclamer mon trois quarts rouge se tourna vers « Dada » : « Elle réclame son rouge, c'est-y qu'elle boit ? » !

Lorsque « Dada » m'a rapporté l'anecdote à la sortie de scène, le fou rire a calmé tout le monde... pour un soir !

Pour comprendre la violence des colères, des douleurs qui les provoquent puis les accompagnent, il faut savoir que la scène porte à leur paroxysme toutes les émotions ; tout est multiplié, électrisé, tu es seule à assumer tes erreurs et celles des autres, tout est ultrarapide, intense, tu es hors de toi, « sortie de toi ». Il n'y a rien d'évident, rien de très naturel dans le fait de revêtir un habit et de se maquiller, puis d'entrer en scène. Cette exhibition de soi et de ses sentiments, dont je ne pouvais plus me passer, me faisait ensuite m'enfuir et me cacher longuement, malheureuse, désaccordée, jusqu'à l'heure de chanter à nouveau.

J'ai ainsi couru de la lumière à la nuit, du bruit au silence, de l'amour au désespoir, folle de chanter, folle de ce métier qui fut ma manière privilégiée d'aller vers les autres.

J'ai longtemps chanté seule au piano, mais j'ai aimé petit à petit travailler avec les autres, en équipe.

J'ai aimé ce que le public ne voit malheureusement jamais : l'arrivée des camions, le
déchargement, le montage avant le spectacle.
C'est un véritable travail de précision ; les
hommes se déplacent avec une rapidité et une
souplesse d'acrobates ; c'est magnifique.
Quand je pénétrais à l'intérieur du théâtre,
c'était le seuil d'un autre univers que je franchissais. Quand j'arrivais sur le plateau et que
j'entendais, voyais les techniciens travailler, le
spectacle avait déjà commencé et j'ai toujours
demandé qu'à partir de cet instant on ne laisse
plus entrer personne ; ce n'était pas l'heure.

À une ou deux exceptions près, je n'ai
jamais laissé pénétrer aucun proche, afin de ne
pas troubler, de ne pas modifier les compor-
tements. J'aurais pu en souffrir et donc moins
bien chanter.

J'étais intransigeante ; c'était peut-être un
tantinet « totalitaire », je n'en sais rien, mais
c'était comme ça.

Un jour, un de mes amis − un homme
célèbre, pour ne pas le nommer −, a marché
sur une prise et l'a débranchée ; il voulait voir
ce qui se passait derrière les coulisses...

On n'a pas à voir ce qui se passe derrière
les coulisses. Moi, je ne vais pas dans le
bureau de mes amis jouer à la visiteuse ins-

pirée. Sur un plateau, c'est dangereux, tu peux te faire choir un « projo » sur le crâne, ou blesser quelqu'un d'autre. Bref, tu n'as pas à être là. Point à la ligne !

Et puis vient l'heure du silence... Lorsque les hommes ont fini de monter, de régler les éclairages, le soir... L'heure de l'attente ! Assise dans le « rocking des coulisses », je m'efforce d'être belle, vigilante dans mon habit de velours, de clown noir. Un fluide indéfinissable circule dans mon corps, dans tout mon être. Je ressens une énorme tension, une joie et une peur glacée. Repliée sur moi-même, enfermée, je me concentre, j'accumule et retiens l'énergie dont je vais avoir besoin pour le spectacle.

Ô mes théâtres
Ô mes silences
Mes paradis et mes enfers
Mes ténèbres et ma transparence
Ô mes étés
Ô mes hivers
Ô mes velours
Ô mes amours
Ô mes vaisseaux
Ô mes oiseaux
Vous avez tous le ciel immense
D'un même et multiple pays

« Lily-Passion »

VOUS QUI PASSEZ NOUS VOIR...
*(texte collé à la porte du « théâtre » de Précy pendant
tout le temps des répétitions)*

Vous arrivez de la ville avec vos énergies, nous avons les nôtres.

Merci de le comprendre,

de ne pas poser de questions,

de ne donner aucun avis pour l'instant.

Vous avez le droit de ne pas être d'accord avec cette vérité qui est la nôtre !

C'est mieux, alors, de ne pas entrer dans ce studio.

Nous avons besoin de concentration et d'une certaine qualité de silence.

Vous aussi, quand vous travaillez.

Ce qui peut être une courte récréation pour vous peut nous déranger.

Nous sommes fragiles, en ce moment.

Je vous dis ceci avec beaucoup de respect et d'amour.

Merci !

TEXTE-PROGRAMME, PANTIN

Des femmes-papillons flamboyantes,
légères, aériennes s'élancent, jetant leur vie
d'un trapèze à l'autre !
Bleutés, rouges, violets,
les trapézistes suspendent
nos souffles aux roulements des tambours...

Le Cirque !

Lumineuse crinière blonde, une écuyère
galope...
L'odeur de la sciure, la musique pathétique
des clowns
qui butent et culbutent... !

Le Cirque !

Sous leur cape rubis-satin, les jongleurs !
sauteurs !
cascadeurs ! avaleurs de feu ! Le goût
du danger
Sans cesse renouvelé, le long chemin
de la patience,

Le Cirque !

Merci à vous tous qui avez participé
à ce spectacle
avec tant de générosité, tant d'exactitude !
Merci, monsieur Jean Richard, pour votre vie
donnée
à aimer, à faire aimer la magie-cirque !

Sous le grand ciel du chapiteau de Pantin-
la-Grise,
avec mes acrobates à moi ! mes hommes de
tous les voyages de mon piano-trapèze :
Ce soir, je m'élance vers vous
enfin retrouvés !

TEXTE-PROGRAMME, CHÂTELET (1993)

Hommes et femmes de mon équipe !
Tant que nous ferons la route ensemble, à
partager la pluie, le vent, la canicule, les
galères, les espaces magiques, les cirques, les
théâtres,
tant que nous resterons des gens du voyage,
des passants de la nuit pour la magie d'un ins-
tant recommencé à chaque fois plus loin,
tant que moi je veillerai sur vous et que vous
veillerez sur moi,
tant que je chanterai,
je serai près de vous une nomade heureuse.
Hommes et femmes de mon équipe, n'oubliez
pas que nous ne sommes qu'un instant et que

nous nous devons de rendre cet instant-là magique !

Sachez que nous faisons ensemble un métier exceptionnel de pourvoyeurs de liberté, de lumière et d'amour.

Hommes et femmes de mon équipe, je suis fière de nous !

J'avais fini mon voyage
Et j'ai posé mes bagages
Vous étiez venu au rendez-vous
Qu'importe ce qu'on peut en dire
Je tenais à vous le dire :
Ce soir, je vous remercie de vous
Qu'importe ce qu'on peut en dire
Je suis venue pour vous dire :
Ma plus belle histoire d'amour
C'est vous...

« Je te donne ma chaîne, ma médaille, une mèche de cheveux, mon écharpe, la petite boîte qui vient de ma grand-mère ou de ma meilleure amie… Je te donne mon stylo, ma gomme, mon crayon… »

À l'école, nous avons tous donné, pas échangé, donné, par amour. Donné à l'autre pour que ça le protège, pour qu'il ne nous oublie pas à la fin des vacances. Les garçons ne portaient pas de bijoux, à cette époque ; ils donnaient des billes d'agate ou des petits canifs ou des chandails. Les filles, quand elles n'avaient vraiment rien d'autre, donnaient le Jésus ou la Vierge bleue de Lisieux qu'elles portaient au cou.

Ça m'attendrit de voir des adolescents porter le bijou ou l'écharpe ou la bague qu'une fille ou un garçon leur a donné. Ça se voit tout de suite. C'est comme une marque, un signe qui dit : « Je ne suis pas libre, c'est sa chaîne, sa chaleur, son parfum que je porte sur moi... »

Il ne m'est jamais venu à l'idée qu'un homme ainsi marqué au cou, au poignet ou dans sa peau puisse m'appartenir. J'espère que la réciproque a été vraie !

Dans nos maisons, nos bureaux, les lieux où nous vivons, nous sommes entourés d'objets-souvenirs auxquels notre œil s'est habitué. Je ne saurais dire avec précision quels sont les objets qui m'entourent, mais ils me manquent aussitôt si, d'aventure, leurs places ont été modifiées. C'est drôle, ces objets fragiles et pas toujours de très bon goût qui nous suivent dans nos déplacements, tout au long de notre vie ; alors qu'on voudrait souvent les voir disparaître, ils resurgissent toujours de vieilles malles, de valises, de tiroirs... Jamais cassés ! Jamais perdus !

C'est curieux cette obstination qu'ils ont, les objets, à être là, partout, à s'imposer, têtus. Veulent-ils nous transmettre, à travers le temps et l'espace, la pensée, le souvenir des autres ?

Beaucoup de mes objets, offrandes d'amour, m'ont été donnés par le public. Objets envoyés, lancés par la fenêtre de la voiture, quand je quittais les théâtres, avec quelques mots griffonnés, souvent sans adresse.

Je me souviens d'un jeune couple installé tout au bord de la scène, au Théâtre des Arts, un soir à Montréal. À la fin de *Ma plus belle histoire d'amour*, brusquement, la femme, après avoir échangé un regard avec son mari, retire son alliance et me la met dans la main qu'elle maintient fermée.

Cette situation s'est reproduite un soir à Pantin, la même exactement, avec le même geste.

J'ai toujours ces deux alliances, l'une en or jaune, l'autre en or rose, gravée.

Un jour, dans ma loge où je faisais une signature après le spectacle, une femme en pleurs m'a remis sans un mot une alliance en or tressé ; avant que j'aie eu le temps de réagir, elle avait disparu.

Des adolescents m'ont souvent remis des petites broches ou quelque objet volé, j'en suis sûre, à une mère ou à une sœur, avant de repartir très vite, sans un mot !

À Pantin, il y eut aussi cet immense « Pierrot » de satin blanc et noir offert sur scène, le soir de la dernière ; dans le bouleversement de l'instant, je n'ai même pas songé à remercier.

Je suis souvent repartie des théâtres, ma voiture surchargée de fleurs ; quand les bouquets étaient trop abondants, les chauffeurs des camions les arrimaient délicatement sur une lourde tringle qu'ils avaient installée dans leur remorque pour que ces beautés puissent suivre, sans trop souffrir, la tournée.

Je crois que les objets que l'on aime sont faits pour « circuler ». Vous pouvez avoir envie de les donner, comme ça, à des êtres que vous ne connaissez pas, mais qui vous touchent. De cette façon-là, j'ai beaucoup, beaucoup donné d'objets – de petite ou grande valeur, peu importe – à des êtres que je croisais. Je ne les ai jamais regrettés. Il y a tant de plaisir à donner, à lire la joie et l'étonnement dans le regard de l'autre. Je ne crois pas que le manque soit toujours une nécessité, mais je crois qu'il est important d'avoir manqué, eu froid, faim, mal, car cela permet de mieux reconnaître un jour celui qui souffre, de mieux lui venir en aide.

Ai-je assez partagé ?

Ai-je assez répondu à votre attente ?

J'ai reçu tellement d'amour, tellement ! Et toute cette énergie qui m'a fait avancer, chanter, qui m'a permis de faire ce métier comme j'entendais le faire : en désobéissant, en refusant tous les archétypes, en ayant un instinct de préservation qui m'a toujours empêchée de me perdre dans le compromis, la confusion.

Je ne détiens aucun secret, aucune formule magique.

Il faut prendre le voile, préserver son désir, ne jamais s'en départir, rester bien à l'intérieur de soi.

Exiger autant de soi que des autres.

« Vigiler » pour les autres autant que pour soi.

Vouloir avec une inentamable opiniâtreté.

Être sa vérité.

Ne jamais perdre espoir.

Vouloir recommencer.

Avoir peur mais avancer toujours.

En tout cas, sachez que c'est avec vous, par vous, pour vous que j'ai vécu, même si c'est aussi pour moi, bien sûr, que j'ai chanté.

Parfois vous étiez lourds, envahissants, terribles ; je me sentais poursuivie, harcelée, dévorée. J'ai eu souvent très peur, mais je vous ai aimés. Jusqu'à l'épuisement de mon corps, de mon cœur, de mon âme, jusqu'à la douleur, l'aliénation, et quand, le 26 mars 1994, après mon tout dernier concert à Tours, je suis remontée dans ma voiture, je peux vous dire que je n'étais plus qu'une femme épuisée, douloureuse, vidée, morcelée, déconstruite.

Après cette immense dernière fête, conduite par un Philippe silencieux, accompagnée de ma Béa qui se ratatinait pour ne me déranger en rien, j'étais prostrée, avec tout cet amour, ces regards, vos mains tendues. Mais, malgré mon isolement, malgré ce long deuil que je venais de commencer, au terme de ma belle et intense vie de nomade, j'étais une femme heureuse.

TABLE

Achevé d'imprimer en août 1998
sur presse Cameron
par **Bussière Camedan Imprimeries**
à Saint-Amand-Montrond (Cher)
pour le compte de la librairie Arthème Fayard
75, rue des Saints-Pères – 75006 Paris

35-57-0215-01/0

Dépôt légal : septembre 1998.
N° d'Édition : 796. N° d'Impression : 983729/4.

Imprimé en France

ISBN 2-213-6001-55